ティク・ナット・ハン

TRANSFORMATION AND HEALING
SUTRA ON THE FOUR ESTABLISHMENTS OF MINDFULNESS

ブッダの〈気づき〉の瞑想

山端法玄・島田啓介 訳

野草社

本書は、ブッダの入滅後、弟子たちによって編集された教えのうちで、もっとも古い経典のひとつであるサティパッターナ・スッタ（Satipatthana Sutta）、漢語名では四念処経《しねんじょきょう》を、著者ティク・ナット・ハンが現代人に向けてわかりやすく解説したものです。

ティク・ナット・ハンは、この経名を英語で、“Sutra on the Four Establishments of Mindfulness”と表わしています。直訳すると「四種の〈気づき〉を確立する経典」という意味になります。本書ではおもに「四念処経」と表記しました。

四念処経は、ブッダが弟子たちに向けて説いた日常の瞑想法をまとめた、たいへんわかりやすい手引きです。仏教用語に少々難しく感じられるものもありますが、ティク・ナット・ハンによって、古代に説かれたブッダの瞑想の智慧が、現代の私たちの生活にどう生かせるかが理解しやすく説かれています。本書をみなさんの日常の瞑想に応用していただければ幸いです。

訳者

CONTENTS

ブッダの〈気づき〉の瞑想

用語について

ブッダの教えである「経」をさす言葉は、パーリ語で「スッタ」、サンスクリット語では「スートラ」です。

本書の解説では、パーリ語、サンスクリット語、中国語の多くの原典から文章を引用していますが、ここではスートラを英語圏での一般的な用語として採用し、スッタについては、パーリ語経典の正式名称として、サティパッターナ・スッタ、アーナパーナサティ・スッタなどの場合に限って使っています。

サティパッターナの「サティ」とは〈気づき〉や自覚を、「(ウ)パッターナ」は、「住むところ」「確立」「活用」などを意味します。中国語の経名の「念」は「……に気づいている」「……に注意を向ける」「覚える」という意味で、「処」は「住むところ」「住むという行為」「今ここに身を置くこと」「自らを確立すること」をさします。ですから、「念処」は、「〈気づき〉の基盤」または「〈気づき〉の確立」と訳すことができます。

〈気づき〉とは

日常生活のなかで、心が解放され、安らぎを感じ、喜びに満たされること、〈気づき〉*の瞑想はそのためにあります。心の解放と幸福とはたがいに切り離せません。心が解放されていれば幸福を感じられ、さらに心が解放されるにつれて幸福感もより大きくなります。心の解放は、安らぎと喜びを今ここにもたらします。

しかし、その安らぎと喜びの実現まで十年も十五年も待つ必要はありません。瞑想に取り組みはじめれば、まもなくそれを得ることができます。はじめはほんの小さな種でも、そこからやがて大きな解放と平安と喜びが育っていくでしょう。
瞑想とは、深く見つめ物事の真髄を見抜くことです。真実を見究め理解することから、心の解放、安らぎ、喜びが生まれます。怒りや不安や恐れは、私たちを苦しみに縛りつけるロープのようなものです。それから解き放たれたいなら、苦しみの本質である無智という明晰な理解が欠けた状態を、よく観察**する

*――mindfulness（マインドフルネス）を、〈気づき〉と山カッコをつけて表わした。本書でもっとも多く使われているキーワードで、「今ここに意識をおき、注意深く、入念に、かつ自覚的に対象のありのままの様相をとらえる姿勢・精神状態」のことをさす。「注意深さ」「入念」などとした箇所もある。これにたいしてもうひとつのキーワード、awareness（アウェアネス）は、マインドフルネスの〈気づき〉（注意深さ）があってはじめて起こる、一般的な意味合いに近い気づきを意味し、この気づきはカッコなしで表わした。

**――ふつう「観察」というと、観察者がある対象を見ることで、観察者と対象との間には距離がある。しかし、本書で「観察」とは、対象を〈気づき〉の眼で入念に観ていくことを意味し、このとき観察する者と対象は一体となり、両者の区別はない。著者は「対象に深く入りこみ観察する」と指摘している。その意味で、この観察は「内観」（自己をよく見つめること）といった意味合いがこめられている。

必要があります。

友人を誤解して怒りを抱き、苦しんだ経験がありませんか？　もしそこで起こったことを深く見つめれば、その誤解を終わらせることができます。相手のことやその人の事情が理解できたとき、苦しみは消え去り、安らぎと喜びが湧いてくるでしょう。

ここでの第一段階は対象に気づくこと、第二段階はそれを深く見つめ、照らし出すことです。〈気づき〉とは、目覚めていること、深く見つめることなのです。

本経典のパーリ語名「サティパッターナ・スッタ」の「サティ」には、「止めること」「対象への気づきを保つこと」という意味があります。またパーリ語の「ヴィパッサナー」は「対象に深く入りこみ観察する」という意味で、この第二段階をさす言葉です。対象に十分に気づきながら深く観察するとき、観察する主体と観察される客体の境界線はしだいに消えていき、両者は一体になります。これが瞑想の核心です。

対象に入りこみ、それと一体になるとき、はじめて理解が訪れます。対象の外にいて観察するだけでは不十分です。だからこそ経文では、身体において身体に気づき、感覚において感覚に気づき、心において心に気づき、心の対象において心の対象に気づくように念を押しているのです。

ブッダはこの四念処経《しねんじょきょう》（四種の〈気づき〉を確立する経典）を、比丘《びく》と比丘尼《びくに》、つまり男女の出家者の集団に向けて説きました。しかしこの経典は、出家者だけのものではありません。ここで紹介されている瞑想はだれにでも行えます。僧や尼僧が、歩くとき、立つとき、横たわるとき、座るときに〈気づき〉の瞑想を行えるのですから、一般の男女にもできないはずはないでしょう。日々の生活で、歩く、立つ、横たわる、座ることをしない人がいるでしょうか？

私たちの生活が二千五百年前のブッダやその弟子の僧・尼僧たちの生活から様変わりしているとはいえ、もっとも大切なことは、この瞑想の基本を理解し、日常生活のなかで使いこなすことなのです。四念処経を紐解くときには、現代人の視点で読み、その教えにもとづいて適切に取り組む方法を見つけなければなりません。

〈気づき〉とは、つねに何かについての〈気づき〉です。〈気づき〉の対象には四つの領域があります。その四つの領域を入念に観察していくことで、私たちは守られ、喜びが育ち、心の痛みは変化し、真実を見抜く力が得られます。これを「四種の〈気づき〉を確立する」といいます。基盤ともいわれるこの四種の確立とは、「身体」「感覚」「心」「心の対象」の四つです。

〈気づき〉の第一の確立は、身体における身体の〈気づき〉です。これは、身体に〈気づき〉をあてると、気づきが身体そのものになるという意味です。〈気づき〉は外部の観察者ではありません。〈気づき〉が身体になるとき、身体も〈気づき〉になります。母親が幼子を抱くとき、母は子になり、子は母になります。瞑想が本物なら、瞑想する人とその対象のあいだの隔たりはなくなり、両者の違いは消え失せます。〈気づき〉のエネルギーをよび起こし呼吸と身体を包みこむ、これが身体における身体の〈気づき〉です。〈気づき〉は外にいて観ているのではなく、〈気づき〉が身体なのです。このとき身体は対象であると同時に、〈気づき〉の主体にもなっています。

素粒子を理解し極小の世界に入るためには、観察者であることをやめ参加者になる必要がある、とある核物理学者は述べています。インドには、海がどれほど塩辛いのか知ろうと試みた一粒の塩の話があります。一粒の塩はどうすればいいのでしょうか？　ただひとつ、海に飛びこめばわかります。そうすれば完璧に理解できるでしょう。そのとき理解の対象と理解の主体との隔たりはなくなります。現代では、核物理学者がそのことを悟りはじめているのです。真の理解のためには、観察者ではなく参加者になりなさいと言っているのですから。

〈気づき〉の第二の確立は感覚、そして第三の確立は心、すなわち思いの形成です。「呼吸の十分な気づきの経典（アーナパーナサティ・スッタ）」のなかでブッダは、〈気づき〉のそれぞれの領域に働きかけるための、四通りの〈気づき〉の呼吸の練習法*を説いています。

〈気づき〉の第四の確立は、認知の領域です。経文では「心の対象」として取り上げられており、それが認知のことだとうかがえます。ブッダはここでも再び、心の対象において心の対象を瞑想するため、四通りの〈気づき〉の呼吸法を勧めています。それによって知覚の対象へと入りこみ、抱きとめ、深く見究めることができるようになります。そこから真実を見抜く力がもたらされ、私たちは思いこみと苦しみから解放されるのです。

山や川、鳥、青空、家々、せせらぎ、子どもたち、動物たち、すべてが私たちの知覚の対象です。これらの対象の本質に分け入っていくために、この〈気づき〉の呼吸が使えるのです。私たち自らもそこに含まれます。

身体、感覚、そして心（思いの形成）も心の対象になります。自分自身の知覚や外部のさまざまなものと同じく、身体、感覚、心の本質も探究することができます。身体において身体を深く見つめるならば、それは心の対象になります。感覚を見つめれば、感覚が心の対象です。心を観察すれば、心が心の対象になります。つまりそれぞれの〈気づき〉の確立は、すべて心の対象になるのです。

あるとき私はひとりの僧に聞かれました。心が心の対象になるとはどういうことでしょうかと。私はこう答えました。二本の指をこすりあわせてごらんなさい、体が体に触れていることになります。心も同じことです。体を深く観るとき、体が心の対象です。ものの形を観るとき、その形が心の対象です。思いの形成を観るとき、思いの形成が心の対象です。心の対象の範囲がいかに広い

*――exerciseを「練習」と訳した。または〈気づき〉のエクササイズ、のようにカタカナに置き換えた。練習というと手習いや単純な運動などを連想するが、仏教では「実修」や「行修」とよばれる瞑想の実践のことである。また、practiceは、ブッダが弟子たちに説いた言葉としては「修行」を用い、そのほかでは「練習」「実践」「瞑想（すること）」「取り組み」などと使い分けた。

かがわかるでしょう。しかし四種の確立にこれを分類すれば、〈気づき〉の瞑想の方法をわかりやすく学ぶことができます。

瞑想を学びたいと思うなら、この四念処経を基本に据えてください。つねに座右の一冊として、本書をそばに置かれることをお勧めします。

四種の〈気づき〉を確立する経典

サティパッターナ・スッタ

四念処経

第1節

ブッダがクル人の商都カンマッサダンマに在住していたおりに、私が聞いた説法*。ブッダは「比丘《びく》たちよ」と修行僧たちによびかける。「世尊《せそん》よ」と彼らが応えると、ブッダは説きはじめた。

「比丘たちよ、いのちあるものたちが浄められ、嘆き悲しみをすみやかに克服し、苦痛と不安を滅し、正しい道を歩んで最終的な悟りに達するための、このうえなく尊い道がある。それは、四種の〈気づき〉を確立すること（四念処《しねんじょ》）である」

その四種とは何か？

一　比丘たちよ、修行者は、人生のあらゆる渇望や嫌悪感を捨てさり、明晰な理解をもち、〈気づき〉を働かせ、入念に身体において身体の観察を続ける。

*――ブッダ入滅後、その説法を弟子たちが編集して「経」となった。ブッダ自身が書いたものではなく、弟子の手によるため、「私がブッダから聞いた内容はこうであった」という断り書きを最初に添えている。

二　比丘たちよ、修行者は、人生のあらゆる渇望や嫌悪感を捨てさり、明晰な理解をもち、〈気づき〉を働かせ、入念に感覚において感覚の観察を続ける。

三　比丘たちよ、修行者は、人生のあらゆる渇望や嫌悪感を捨てさり、明晰な理解をもち、〈気づき〉を働かせ、入念に心において心の観察を続ける。

四　比丘たちよ、修行者は、人生のあらゆる渇望や嫌悪感を捨てさり、明晰な理解をもち、〈気づき〉を働かせ、入念に心の対象（法《ダルマ》）*においてて心の対象の観察を続ける。

第2節

さて、修行者はどのように身体において身体の観察を続けるのだろうか？

彼は森へ行く、そして木の根元や空き小屋に脚を組んで坐り、背筋をまっすぐに保ち、〈気づき〉にそなえた心をその場に確立する。

そして、息を吸うとき息を吸っていることに気づき、息を吐くとき息を吐いていることに気づく。長く吸っているときには「長く吸って

*――サンスクリット語のdharmaの漢訳で、この世に存在する、有形・無形の一切のもの、認識対象としての存在をさす。また、真理を意味することもある。

いる」ことを知る。長く吐いているときには「長く吐いている」ことを知る。短く吸っているときには「短く吸っている」ことを知る。短く吐いているときには「短く吐いている」ことを知る。

さらに、つぎのように瞑想する。「息を吸いながら全身に気づく。息を吐きながら全身に気づく」。そしてまた、「息を吸いながら身体を静める。息を吐きながら身体を静める」。

熟練した陶工は、ロクロをゆっくりと回転させるとき「ゆっくりと回転させている」ことを知り、速く回転させるときには「速く回転させている」ことを知る。それと同じく修行する者も、長く吸っているときには「長く吸っている」、短く吸っているときには「短く吸っている」、長く吐いているときには「長く吐いている」、短く吐いているときには「短く吐いている」ことを知る。

また、つぎのように瞑想する。「息を吸いながら全身に気づく。息を吐きながら全身に気づく」。「息を吸いながら身体を静める。息を吐きながら身体を静める」

これが身体において身体の観察を保ち続ける方法である。このように身体の内や外から、または内と外の両方から観察する。身体において物事が生じつつある過程や消えていく過程を、または生じ消えていく過程を同時に観察し続ける。さらに、理解と十分な気づきがもたらされるまで、「ここに身体が存在する」という事実を注意深く受け止める。雑念にとらわれずあらゆる束縛を受けずに、この観察を保ち続ける。比丘たちよ、これが身体において身体の観察を行う方法である。

続いて、修行者は歩くときには「歩いている」と気づき、立つときには「立っている」、座るときには「座っている」、横たわるときには「横たわっている」と気づく。どのような場合にも、その身体の姿勢に気づく。

これが身体において身体の観察を保ち続ける方法である。このように身体の内や外から、または内と外の両方から観察する。身体において物事が生じつつある過程や消えていく過程を、または生じ消えていく過程を同時に観察し続ける。さらに、理解と十分な気づきがもたらされるまで、「ここに身体が存在する」という事実を注意深く受け止める。雑念にとらわれずあらゆる束縛を受けずに、この観察を保ち続ける。比丘たちよ、これが身体において身体の観察を行う方法である。

続いて、修行者は前へ進むとき後ろへ戻るとき、その前進・後退にくまなく気づく。前を見る、後ろを見る、かがむ、立ち上がるときに、その動作にくまなく気づく。法衣を身につけるとき、托鉢の器を携えるときにも、くまなく気づく。食べる、飲む、噛む、味わう、このすべてに十分な気づきを向ける。排便や排尿の際にも、十分な気づきを向ける。歩く、立つ、横たわる、座る、寝ても覚めても、話すときも沈黙するときにも、あらゆることを気づきの光で照らす。

さらに修行者は自分自身の身体を、足の裏から上に向かい、そして頭頂の毛髪から下に向かって、身体がその一部としてもつ不浄な物質に満ちた、皮膚に包まれた身体の内側を瞑想する。「これが頭髪、体毛、爪、歯、皮膚、筋肉、腱、骨、骨髄、腎臓、心臓、肝臓、横隔膜、脾臓、肺、小腸、大腸、排泄物、胆汁、痰、膿、血液、汗、脂肪、涙、油分、唾液、粘液、関節液、尿」、このように瞑想する。

比丘たちよ、両端が開く袋を想像してみなさい。そのなかには、玄米、野生米、緑豆、インゲン豆、胡麻、白米などさまざまな穀物が詰めこまれている。よく目が利く人がこの袋を開けたなら、なかを見てこう言うだろう。「これは玄米、こちらは野生米、そして緑豆にインゲン豆、胡麻、白米である」と。これと同じく修行者は、全身を足の裏から頭頂の毛髪までにわたり、一枚の皮膚に包まれ、身体がその一部としてもつ不浄な物質に満ちた身体の内部をひと通り眺め渡して、「これが頭髪、体毛、爪、歯、皮膚、筋肉、腱、骨、骨髄、腎臓、心臓、肝臓、横隔膜、脾臓、肺、小腸、大腸、排泄物、胆汁、痰、膿、血液、汗、脂肪、涙、油分、唾液、粘液、関節液、尿」、このように瞑想する。

これが身体において身体の観察を保ち続ける方法である。このように身体の内や外から、または内と外の両方から観察する。身体において物事が生じつつある過程や消えていく過程を、または生じ消えていく過程を同時に観察し続ける。さらに、理解と十分な気づきがもたらされるまで、「ここに身体が存在する」という事実を注意深く受け止める。雑念にとらわれずあらゆる束縛を受けずに、この観察を保ち続ける。比丘たちよ、これが身体において身体の観察を行う方法である。

さらに修行者は、どのような姿勢でいる場合にも、身体を構成する要素をひと通り眺め渡し、「この身体には地の要素、水の要素、火の要素、風の要素がある」と観る。

熟練した食肉解体の職人、またはその見習いが牛を殺し、辻に座ってそれを多くの部分に切り分けていくのと同じく、修行者は自分の身体そのものを構成する要素をひと通り点検して、「この身体には地の要素、水の要素、火の要素、風の要素がある」と観る。

これが身体において身体の観察を保ち続ける方法である。このように身体の内や外から、または内と外の両方から観察する。身体において物事が生じつつある過程や消えていく過程を、または生じ消えていく過程を同時に観察し続ける。さらに、理解と十分な気づきがもたらされるまで、「ここに身体が存在する」という事実を注意深く受け止める。雑念にとらわれずあらゆる束縛を受けずに、この観察を保ち続

ける。比丘たちよ、これが身体において身体の観察を行う方法である。

さらに修行者は、墓地に捨てられ横たわったまま一日、二日、三日を経て、膨れ上がり、青黒く変色し、腐乱した死体を想像して自分の身体とくらべ、「私のこの身体の本質もこれと変わらず、やがて同じ末路をたどる。そうなることは避けられない」と観る。

これが身体において身体の観察を保ち続ける方法である。このように身体の内や外から、または内と外の両方から観察する。身体において物事が生じつつある過程や消えていく過程を、または生じ消えていく過程を同時に観察し続ける。さらに、理解と十分な気づきがもたらされるまで、「ここに身体が存在する」という事実を注意深く受け止める。雑念にとらわれずあらゆる束縛を受けずに、この観察を保ち続

ける。比丘たちよ、これが身体において身体の観察を行う方法である。

さらに修行者は、墓地に捨てられ、カラスにつつかれ、鷹やハゲ鷲、野犬に喰われ、ウジや虫が群がる死体を想像して自分の身体とくらべ、「私のこの身体の本質もこれと変わらず、やがて同じ末路をたどる。そうなることは避けられない」と観る。

これが身体において身体の観察を保ち続ける方法である。このように身体の内や外から、または内と外の両方から観察する。身体において物事が生じつつある過程や消えていく過程を、または生じ消えていく過程を同時に観察し続ける。さらに、理解と十分な気づきがもたらされるまで、「ここに身体が存在する」という事実を注意深く受け止める。雑念にとらわれずあらゆる束縛を受けずに、この観察を保ち続

ける。比丘たちよ、これが身体において身体の観察を行う方法である。

さらに修行者は、墓地に捨てられてわずかに肉と血がこびりつくばかりの骸骨、靭帯でつながる骨となった死体を想像して自分の身体とくらべ、「私のこの身体の本質もこれと変わらず、やがて同じ末路をたどる。そうなることは避けられない」と観る。

さらに修行者は、墓地に捨てられ肉片さえもなく血の痕跡ばかりの骸骨、靭帯でつながる骨となった死体を想像して、自分の身体とくらべる。

さらに修行者は、墓地に捨てられ肉片ひとつなく血の痕跡もない骸骨、靭帯でつながる骨となった死体を想像して自分の身体とくらべる。

さらに修行者は、墓地に捨てられたひとかたまりの骨の残骸、ここには手の骨、あちらには脛の骨、大腿骨、骨盤、背骨、頭蓋骨と、散らばるばかりの死体を想像して、自分の身体とくらべる。

さらに修行者は、墓地に捨てられたひとかたまりの白々とした貝殻色の骨の残骸となった死体を想像して、自分の身体とくらべる。

さらに修行者は、墓地に捨てられ放置されたまま一年以上がたち、乾き切ったひとかたまりの骨の残骸となった死体を想像して、自分の身体とくらべる。

さらに修行者は、墓地に捨てられ骨が朽ちて塵となった死体を想像して自分の身体とくらべ、「私のこの身体の本質もこれと変わらず、やがて同じ末路をたどる。そうなることは避けられない」と観る。

これが身体において身体の観察を保ち続ける方法である。このように身体の内や外から、または内と外の両方から観察する。身体においては物事が生じつつある過程や消えていく過程を、または生じ消えていく過程を同時に観察し続ける。さらに、理解と十分な気づきがもたらされるまで、「ここに身体が存在する」という事実を注意深く受け止める。雑念にとらわれずあらゆる束縛を受けずに、この観察を保ち続ける。比丘たちよ、これが身体において身体の観察を行う方法である。

第3節

比丘たちよ、修行者はどのようにして、感覚において感覚の観察を続けるのだろうか？

快感があるとき、「快感を経験している」と気づく。苦痛があるとき、「苦痛を経験している」と気づく。それが快感でも苦痛でもないときには、「中性の感覚*を経験している」と気づく。肉体に快感があれば、「肉体に快感を経験している」と気づき、心に快感があれば、「心に快感を経験している」と気づく。また肉体に苦痛があれば「肉体に苦痛を経験している」と気づき、心に苦痛があれば、「心に苦痛を経験している」と気づく。肉体に中性の感覚があるときには、「肉体に中性の感覚を経験している」と気づき、心に中性の感覚があるときには、「心に中性の感覚を経験している」と気づく。

これが感覚において感覚の観察を保ち続ける方法である。このように感覚の内や外から、または内と外の両方から観察する。感覚においいて物事が生じつつある過程や消えていく過程を、または生じ消えていく過程を同時に観察し続ける。さらに、理解と十分な気づきがもたらされるまで、「ここに感覚が存在する」という事実を注意深く受け止める。雑念にとらわれずあらゆる束縛を受けずに、この観察を保ち続ける。比丘たちよ、これが感覚において感覚の観察を行う方法である。

第4節

比丘たちよ、修行者はどのようにして、心において心の観察を続け

*——原文は、neutral feeling. 苦と快のどちらでもない中間的性質の感覚で、「不苦不楽」ともいわれる。あくまで感覚がないのではなく、中性の感覚があるという点に注意。

るのだろうか?

何かを欲しいと思うとき「心は欲しがっている」と気づき、欲しいと思わないとき「心は欲しがっていない」と気づく。何かを憎いと思うとき「心は憎んでいる」と気づき、憎いと思わないとき「心は憎んでいない」と気づく。心が無智の状態であるときに「心は無智の状態にある」と気づき、無智の状態ではないときには「心は無智の状態にない」と気づく。心が緊張しているときに「心は緊張している」と気づき、緊張していないときには「心は緊張していない」と気づく。心が散漫なときに「心は散漫だ」と気づき、散漫でないときには「心は散漫でない」と気づく。心の認知力が広いときに「心の認知力は広い」と気づき、認知力が狭いときには「心の認知力は狭い」と気づく。

心が高い意識状態に到達しうるとき「心は高い意識状態に到達しうる」と気づき、高い意識状態に到達しえないとき「心は高い意識状態に到達しえない」と気づく。心が落ち着いているとき「心は落ち着いている」と気づき、落ち着いていないとき「心は落ち着いていない」と気づく。心が解放されているとき「心は解放されている」と気づき、解放されていないとき「心は解放されていない」と気づく。

これが心において心の観察を保ち続ける方法である。このように心の内や外から、または内と外の両方から観察する。心において物事が生じつつある過程や消えていく過程を、または生じ消えていく過程を同時に観察し続ける。さらに、理解と十分な気づきがもたらされるまで、「ここに心が存在する」という事実を注意深く受け止める。雑念にとらわれず、あらゆる束縛を受けずに、この観察を保ち続ける。比丘たちよ、これが心において心の観察を行う方法である。

第5節

比丘たちよ、修行者はどのようにして、心の対象（法《ダルマ》）において心の対象の観察を続けるのだろうか？

まず修行者は、五つの障害（五蓋《ごがい》）*について、心の対象において心の対象の観察を行う。その観察の方法はこうである。

一　心に肉欲（貪欲《とんよく》）があるとき「自分の心には肉欲がある」と気

づき、肉欲がないとき「自分の心には肉欲がない」と気づく。肉欲が生じはじめたとき、それに気づく。すでに生じた肉欲を放棄したとき、それに気づく。すでに放棄した肉欲がそれから後にも生じないとき、それに気づく。

二　心に怒り（瞋恚《しんに》）があるとき「自分の心には怒りがある」と気づき、怒りがないとき「自分の心には怒りがない」と気づく。怒りが生じはじめたとき、それに気づく。すでに生じた怒りを放棄したとき、それに気づく。すでに放棄した怒りがそれから後にも生じないとき、それに気づく。

＊――五つの煩悩（肉欲、怒り、退屈・眠気、動揺・後悔、疑い）のこと。蓋は「止める」「妨げる」という意味。

三　心に退屈や眠気（惛眠《こんみん》）があるとき「自分の心には退屈や眠気がある」と気づき、退屈や眠気がないとき「自分の心には退屈や眠気がない」と気づく。退屈や眠気が生じはじめたとき、それに気づく。すでに生じた退屈や眠気を放棄したとき、それに気づく。すでに放棄した退屈や眠気がそれから後にも生じないとき、それに気づく。

四　心に動揺や後悔（掉悔《じょうけ》）があるとき「自分の心には動揺や後悔がある」と気づき、動揺や後悔がないとき「自分の心には動揺や後悔がない」と気づく。動揺や後悔が生じはじめたとき、それに気づく。すでに生じた動揺や後悔を放棄したとき、それに気づく。すでに放棄した動揺や後悔がそれから後にも生じないとき、それに気づく。

五　心に疑い（疑《ぎ》）があるとき「自分の心には疑いがある」と気づき、

疑いがないとき「自分の心には疑いがない」と気づく。疑いが生じはじめたとき、それに気づく。すでに生じた疑いを放棄したとき、それに気づく。すでに放棄した疑いがそれから後にも生じないとき、それに気づく。

これが心の対象において心の対象の観察を保ち続ける方法である。このように心の対象の内や外から、または内と外の両方から観察する。心の対象において物事が生じつつある過程や消えていく過程を、または生じ消えていく過程を同時に観察し続ける。さらに、理解と十分な気づきがもたらされるまで、「ここに心の対象が存在する」という事実を注意深く受け止める。雑念にとらわれず、あらゆる束縛を受けずに、この観察を保ち続ける。比丘たちよ、これが五つの障害について、心の対象において心の対象の観察を行う方法である。

さらに修行者は、執着の五つの集合体（五蘊《ごうん》*）について、心の対象において心の対象の観察を行う。その観察の方法はこうである。

これは身体（色《しき》）である。これは身体の生起である。これは身体の消滅である。これは感覚（受《じゅ》）である。これは感覚の生起である。これは感覚の消滅である。これは認知（想《そう》）である。これは認知の生起である。これは認知の消滅である。これは思いの形成（行《ぎょう》）である。これは思いの形成の生起である。これは思いの形成の消滅である。これは意識（識《しき》）である。これは意識の生起である。これは意識の消滅である。

　これが執着の五蘊について、心の対象において心の対象の観察を保ち続ける方法である。このように心の対象の内や外から、または内と外の両方から観察する。心の対象において物事が生じつつある過程や消えていく過程を、または生じ消えていく過程を同時に観察し続ける。さらに、理解と十分な気づきがもたらされるまで、「ここに心の対象が存在する」という事実を注意深く受け止める。雑念にとらわれず、あらゆる束縛を受けずに、この観察を保ち続ける。比丘たちよ、これが五蘊について、心の対象において心の対象の観察を行う方法である。

＊――人間存在を、色（身体を含む物質）・受（感覚）・想（認知作用）・行（思い・意思の形成作用）・識（意識・認識作用）の五つの集まりに分類したもの。蘊とは集合のこと。なかでも行（mental formation）は、それが固定化してさまざまな障害をもたらす場合があり、本書では「心の固まり」と訳した箇所がある。

さらに修行者は、六つの感覚器官（六根《ろっこん》*）と六つの感覚の対象（六《ろっ》境《きょう》）**について、心の対象において心の対象の観察を行う。その観察の方法はこうである。

自分の眼に気づき、その対象に気づく。そしてこの両者によって作られる思いの形成に気づく。新たな思いの形成の生起に気づき、すでに作られた思いの形成の放棄に気づく。そしてすでに放棄された思いの形成がその後も起こらないことに気づく。

自分の耳に気づき、音に気づく。そしてこの両者によって作られる思いの形成に気づく。新たな思いの形成の生起に気づき、すでに作られた思いの形成の放棄に気づく。そしてすでに放棄された思いの形成がその後も起こらないことに気づく。

自分の鼻に気づき、匂いに気づく。そしてこの両者によって作られる思いの形成に気づく。新たな思いの形成の生起に気づき、すでに作られた思いの形成の放棄に気づく。そしてすでに放棄された思いの形成がその後も起こらないことに気づく。

自分の舌に気づき、味に気づく。そしてこの両者によって作られる思いの形成に気づく。新たな思いの形成の生起に気づき、すでに作られた思いの形成の放棄に気づく。そしてすでに放棄された思いの形成

＊――知覚をつかさどる六つの感覚器官、眼・耳・鼻・舌・身・意のこと。まとめて六内処ともいう。

＊＊――知覚による認識の対象のこと。六根と対になる六つの領域。視覚による色や形、聴覚による音、嗅覚による匂い、味覚による味、触覚による物体、意識によって把握される対象をさす。六外処。六根と合わせて十二処ともいう。

がその後も起こらないことに気づく。

自分の身体に気づき、触れる対象物に気づく。そしてこの両者によって作られる思いの形成に気づく。新たな思いの形成の生起に気づき、すでに作られた思いの形成の放棄に気づく。そしてすでに放棄された思いの形成がその後も起こらないことに気づく。

自分の心に気づき、心の対象（現象）に気づく。そしてこの両者によって作られる思いの形成に気づく。新たな思いの形成の生起に気づき、すでに作られた思いの形成の放棄に気づく。そしてすでに放棄された思いの形成がその後も起こらないことに気づく。

これが六つの感覚器官と六つの感覚の対象について、心の対象において心の対象の観察を保ち続ける方法である。このように心の対象の内や外から、または内と外の両方から観察する。心の対象に物事が生じつつある過程や消えていく過程を、または生じ消えていく過程を同時に観察し続ける。さらに、理解と十分な気づきがもたらされるまで、「ここに心の対象が存在する」という事実を注意深く受け止める。雑念にとらわれず、あらゆる束縛を受けずに、この観察を保ち続ける。

比丘たちよ、これが六つの感覚器官と六つの感覚の対象について、心の対象において心の対象の観察を行う方法である。

さらに修行者は、目覚めの七つの要因（七覚支《しちかくし》）*について、心の対象において心の対象の観察を続ける。その観察の方法はこうである。

一　修行者の心に目覚めの一要因である〈気づき〉（念）があるとき

「自分の心には〈気づき〉がある」と気づき、〈気づき〉がないとき「自分の心には〈気づき〉がない」と気づく。心にまだ生まれたことのない〈気づき〉が生まれつつあるとき、またはすでに生まれた〈気づき〉が成就したとき、それに気づく。〈念覚支〉

二　修行者の心に目覚めの一要因である現象（法《ダルマ》）の識別力**（択《ちゃく》）があるとき「自分の心には現象の識別力がある」と気づき、現象の識別力がないとき「自分の心には現象の識別力がない」と気づく。心にまだ生まれたことのない現象の識別力が生まれつつあるとき、またはすでに生まれた現象の識別力が成就したとき、それに気づく。〈択法《ちゃくほう》覚支〉

三　修行者の心に目覚めの一要因である活力（精進《しょうじん》）があるとき「自

分の心には活力がある」と気づき、活力がないとき「自分の心には活力がない」と気づく。心にまだ生まれたことのない活力が生まれつつあるとき、またはすでに生まれた活力が成就したとき、それに気づく。

〈精進覚支〉

四　修行者の心に目覚めの一要因である喜び（喜）があるとき「自分の心には喜びがある」と気づき、喜びがないとき「自分の心には喜びがない」と気づく。心にまだ生まれたことのない喜びが生まれつつ

*――悟りへの歩みを助ける七種の要素。念（一瞬一瞬に気づく）・択法（教えや対象（法）の真実をよく識別・探究する）・精進（修行のための活力）・喜（真実を希求する修行の喜び）・軽安（身心を軽やかに保つ）・定（心を集中・安定させる）・捨（対象への執着を捨て、解放される）のこと。

**――原文は、investigation-of-phenomena. 現象を探究することだが、ここでは択法の本来の意味である識別する智慧の力という意味を生かし、識別力と訳した。

あるとき、またはすでに生まれた喜びが成就したとき、それに気づく。〈喜覚支〉

五　修行者の心に目覚めの一要因である安らぎ（軽安《きょうあん》）があるとき「自分の心には安らぎがある」と気づき、安らぎがないとき「自分の心には安らぎがない」と気づく。心にまだ生まれたことのない安らぎが生まれつつあるとき、またはすでに生まれた安らぎが成就したとき、それに気づく。〈軽安覚支〉

六　修行者の心に目覚めの一要因である集中力（禅定《ぜんじょう》）があるとき「自分の心には集中力がある」と気づき、集中力がないとき「自分の心には集中力がない」と気づく。心にまだ生まれたことのない集中力が生まれつつあるとき、またはすでに生まれた集中力が成就したとき、

それに気づく。〈定《じょう》覚支〉

七　修行者の心に目覚めの一要因である無執着（捨《しゃ》）があるとき「自分の心には無執着がある」と気づき、無執着がないとき「自分の心には無執着がない」と気づく。心にまだ生まれたことのない無執着が生まれつつあるとき、またはすでに生まれた無執着が成就したとき、それに気づく。〈捨覚支〉

これが目覚めの七つの要因について、心の対象において心の対象の観察を保ち続ける方法である。このように心の対象の内や外から、または内と外の両方から観察する。心の対象に物事が生じつつある過程や消えていく過程を、または生じ消えていく過程を同時に観察し続ける。さらに、理解と十分な気づきがもたらされるまで、「ここに心の対象が存在する」という事実を注意深く受け止める。雑念にとらわれず、あらゆる束縛を受けずに、この観察を保ち続ける。比丘たちよ、これが目覚めの七つの要因について、心の対象において心の対象の観察を行う方法である。

さらに修行者は、四つの貴い真実（四聖諦《ししょうたい》*）について、心の対象において心の対象の観察を行う。その観察の方法はこうである。

修行者は、苦しみが生じるとき「これは苦しみである」と気づく。苦しみの原因が生じるとき「これは苦しみの原因である」と気づく。苦しみの終わりが現われるとき「これは苦しみの終わりである」と気づく。苦しみの終わりに導く道が現われるとき「これは苦しみの終わりに導く道である」と気づく。

これが四つの貴い真実について、心の対象において心の対象の観察を保ち続ける方法である。このように心の対象の内や外から、または内と外の両方から観察する。心の対象に物事が生じつつある過程や消えていく過程を、または生じ消えていく過程を同時に観察し続ける。さらに、理解と十分な気づきがもたらされるまで、「ここに心の対象が存在する」という事実を注意深く受け止める。雑念にとらわれず、あらゆる束縛を受けずに、この観察を保ち続ける。比丘たちよ、これ

＊——ブッダの説いた四つの真理（苦諦・集諦・滅諦・道諦）の総称。人生の現実は苦である。苦はさまざまな悪因を集めて起こる。煩悩をもとにして十二縁起によって苦は生まれる。苦を滅し完全な解放を実現する方法、八正道の修行がある。

が四つの貴い真実について、心の対象において心の対象の観察を行う方法である。

第6節

比丘たちよ、四種の〈気づき〉の確立（四念処）を七年間修行すれば、ふたつの成果のうちのひとつ――今生における究極の悟り、もしくは苦悩がわずかでも残っている場合には、転生しないという成果――が与えられるだろう。

修行僧たちよ、七年は言うまでもなく、四種の〈気づき〉の確立を六年、五年、四、三、二年、または一年でも修行するならば、その場合もふたつの成果のうちのひとつ――今生における究極の悟り、もしくは苦悩がわずかでも残っている場合には、転生しないという成果――が与えられるだろう。

修行僧たちよ、一年は言うまでもなく、四種の〈気づき〉の確立を七カ月、六カ月、五、四、三、二カ月、一カ月または半月でも修行するならば、その場合もふたつの成果のうちのひとつ――今生における究極の悟り、もしくは苦悩がわずかでも残っている場合には、転生しないという成果――が与えられるだろう。

修行僧たちよ、半月は言うまでもなく、四種の〈気づき〉の確立を一週間でも修行するならば、その場合もふたつの成果のうちのひとつ――今生における究極の悟り、もしくは苦悩がわずかでも残っている場合には、転生しないという成果――が与えられるだろう。
それゆえにこの四種の〈気づき〉を確立する基盤とよばれる修行の道は、あらゆる存在を浄化し、嘆き悲しみを乗り越え、苦痛や不安を残らず解消し、正しい道を歩み、涅槃《ねはん》に達するための「もっともすぐれた道」なのである。

ブッダのこの説法を聴いて比丘たちは歓喜した。それを深く心に刻みつけ、教えにもとづく修行に取り組みはじめた。

〈気づき〉のエクササイズ

身体を観察する

エクササイズ 1　意識的な呼吸

彼は森へ行く、そして木の根元や空き小屋に脚を組んで坐り、背筋をまっすぐに保ち、〈気づき〉にそなえた心をその場に確立する。

そして、息を吸うとき息を吸っていることに気づき、息を吐くとき息を吐いていることに気づく。*

〈気づき〉の第一の確立は身体です。そこには呼吸、姿勢、身体の動き、身体の各部分、身体を構成する四つの要素、そして身体の分解などが含まれます。最初の練習は、呼吸の十分な気づきです。息を吸いながら息を吸っていることに気づき、息を吐いているとき息を吐いていることに気づきます。こうして練習するうちに、呼吸は意識的なものになっていきます。単純な取り組みながらその効果ははかりしれません。

よい結果を生むためには、気をそらさずひたすら呼吸に意識を注がなければなりません。たとえば吸う息に集中するときには、心を散漫にする思考に注意すること。「キッチンの明かりを消し忘れた」といった考えが浮かびあがったら、それは他の物事に心がそれているしるしで、呼吸と意識は離れています。

＊――解説のなかの経文は、前出の経典本文を要約したり補足を加えている場合もあり、必ずしも一致しない。

それを避けるために、一回ごとの呼吸のはじめから終わりまで集中を途切れさせないでください。呼吸するときに息と心がひとつならば、私たち自身が呼吸そのものになります。これが「身体において身体に気づく」ということの真の意味です。

だれでも一回の意識的な呼吸から成果が得られます。気をそらさずに意識的な呼吸を十回続けることができれば、それは瞑想の道の貴重な一歩です。意識的呼吸が十分間続いたとき、私たちのなかで重要な変化が起こるでしょう。

これほど簡単な練習が、見逃せない成果を生むのはなぜでしょう？　またこの瞑想がもたらす成果はどんなものでしょうか？

意識的な呼吸の第一の成果は、自分自身に戻ることです。日常のなかでしばしば気もそぞろに生きている私たち。心は数えきれない雑事を追いまわし、自分に戻る時間をもつことなどめったにありません。長い間そうして心ここにあらずの状態でいると、私たちは自分から切り離され自己疎外感にとらわれます。

現代ではこうしたことはめずらしくありません。

意識的な呼吸は自分に戻るすばらしい方法です。呼吸に気づくことで、私たちは稲光のように一瞬で自分に戻ることができます。長い旅の末に家に帰ってきた子どものように、家庭のぬくもりを感じて再び自分自身に戻れるのです。自分に戻ることは、それだけで瞑想の取り組みのめざましい成果になります。

意識的な呼吸の第二の成果は、いのちに触れられる唯一の機会であるこの瞬間に、いのちとつながることです。私たちの内にもまわりにも存在するいのちは、不可思議さ豊かさに満ちています。心が解放されていなければこのいのちに触れることはできず、自らの人生を真の意味で生きることもかないません。私たちは過去の後悔や未来への不安、現在の執着や嫌悪に縛られてはならないのです。

十分な気づきの呼吸は奇跡的な道です。それによって凝り固まった後悔や不安は解かれ、この今のいのちに触れることができるのです。呼吸を注意深く観察するだけで心は安らぎ、私たちは不安や願望の支配から解放されます。意識的な呼吸を続けるうちにそれはさらに規則的になり、安らぎと喜びが生まれることで、呼吸も刻一刻と安定していきます。呼吸を通じて私たちは自分に還り、体と心の統一を取り戻すことができるのです。身心が一体になってはじめて、いのちの本質であるこの今に起こっている出来事と、本当につながることができます。

エクササイズ 2

呼吸の観察（随息）

長く吸っているときには「長く吸っている」ことを知る。長く吐いているときには「長く吐いている」ことを知る。短く吸っているときには「短く吸っている」ことを知る。短く吐いているときには「短く吐いている」ことを知る。

呼吸をきわめて注意深く観察しながら、どんな思いつきや思考にも気をそらさず、息のはじまりから終わりまで自身と呼吸との一体感を途切れさせないこと。この方法を「随息《ずいそく》」とよびます。

心が息を観察している間、心は呼吸そのものであり、それ以外には何も存在しません。これを進めていけば、呼吸はおのずから規則的になり、調和し、より静かになり、心も同じように整い、調和し、静かになっていきます。そこから喜びと安らぎが生まれ、体はくつろぎます。心と呼吸がひとつになれば、身心が一体になるまであとほんの一歩です。

エクササイズ 3

身体と心の統一（身心一如）

息を吸いながら全身に気づく。息を吐きながら全身に気づく。

第三の練習は、身体と心に調和をもたらします。その鍵になるのは呼吸です。瞑想を通して体と心の壁は溶け去り、「身心一如《しんじんいちにょ》」だけが残ります。ここでは〈気づき〉の対象は呼吸だけにとどまらず、体と呼吸がひとつになるにしたがって全身におよびます。

修行者や瞑想の研究者のなかには、四《し》色界《しきかい》禅定《ぜんじょう》（四種のジャーナ）、四《し》無《む》色界《しきかい》禅《ぜん》定《じょう》*（四種の無形のジャーナ）といった集中状態の達成に重きをおくあまり、「全身」

という言葉を肉体ではなく「呼吸の全体」として解説している人もいます。よく知られた瞑想の解説書、無碍解道論《むげげどうろん》、解脱道論《げだつどうろん》、清浄道論《しょうじょうどうろん》**などでは、呼吸に従って空気が身体に出入りする鼻先に意識を集中するよう教えています。そのなかでは、体内に入っていく呼吸を観察するようにとは書かれていません。

これらの解説書は、肉体は大きすぎて意識を集中する対象としてふさわしくないと考えたのです。それゆえに、経典中の「身体《カーヤ》」という用語は「呼吸の本

---

*——瞑想によって悟りに至るまでを四段階に分類したもの。色界とは、欲を離れた清浄なる世界をいう。定とは、集中によって起きる没我状態のこと。本書二六三ページ、一入道経の第五節に具体的な瞑想法が紹介されている。

**——無碍解道論は三蔵（経・律・論）以外におかれた蔵外仏典。紀元一世紀、スリランカの仏教学者ウパティッサによって著された。ブッダが教えた瞑想がまとめられている。パーリ語名パティサムビダー・マッガ。解脱道論は実際の瞑想方法を説いた経典。パーリ語名ヴィムッティ・マッガ。清浄道論は紀元五世紀、スリランカの仏教学者のブッダゴーサが、再び瞑想の分野を研究し、著述したもの。教えの中心は悟りにあるとし、それに至る道を示している。パーリ語名ヴィスッディ・マッガ。

体」と解釈されています。しかし、経文に目を通してみると、「呼吸の本体」すべてを対象にした気づきの瞑想は、「長く吸っているときには『長く吸っている』ことを知る」「短く吐いているときには『短く吐いている』ことを知る」とあるように、すでにエクササイズ2で扱われています。ですから同じことをここで繰り返すことはないはずです。

「呼吸の十分な気づきの経典*（アーナパーナサティ・スッタ）」のはじめの四つの瞑想では、身体に意識を集中するよう教えています。

ですから、このエクササイズ3が、身体の十分な気づきを扱うことは自然でしょう。どちらの経典にも、鼻先の呼吸に集中しなさいといった教えは見当たりません。また、全身に意識を集中させないように、という記述も見当たらないのです。

現代では、ミャンマーの瞑想の指導者であるマハーシ・サヤドウが、吸う息と吐く息によって起こる腹部の膨張と収縮に注意を向けるという方法を教えています。そうすれば容易に集中力を高められますが、これが呼吸の気づきの方法であるとマハーシ師は述べていません。集中あるところにはおのずから智慧（プラジュニャー）が生まれる、それがこの瞑想法を実践する基本的理由だ、と彼は言います。マハーシ師が、この方法が呼吸の気づきであるという表現をしなかった理由は、意識的な呼吸とは体内へ入り腹部に至るまでの息の観察ではあり得ない、といった従来の先入観によるものと考えられます。

ここで、意識を集中する目的について触れておくことが参考になるかもしれません。八正道**のひとつである「正しい心の集中」（サンミャク・サマーディ…

*――吐く息（アーナ）・吸う息（パーナ）に意識を集中（サティ）するもっとも基本的な瞑想法を、段階を追って具体的に説いている。パーリ語名アーナパーナサティ・スッタで、紀元二世紀に安世高によって漢訳され、安般守意経（あんぱんしゅいきょう）とよばれている。

**――ブッダの説いた、苦を滅するための具体的な修行方法。正見（正しい見解）、正思惟（正しい考え）、正語（正しい言葉使い）、正業（正しい行為）、正命（正しい生活）、正精進（正しい努力）、正念（正しい〈気づき〉）、正定（正しい心の集中）の八つをさす。

正定《しょうじょう》）は、集中する対象への気づきと深い観察をうながし、最終的には目覚めた智慧へと導きます。パーリ語の複合語「サマタ・ヴィパッサナー」は、「止まって、観る（止観《しかん》）」、「静まり、照らす（寂静《じゃくじょう》・照見《しょうけん》）」、「集中し、理解する（定《じょう》・慧《え》）」ことを意味します。

複雑にからみあう苦しみや現実を変えようと取り組むのではなく、それらから逃避するように誘う集中の仕方もなかにはありますが、それは「誤った集中」と言えるでしょう。

四色界禅定や四無色界禅定は、ブッダがアーラーラ・カーラーマやウッダカ・ラーマプッタのような師のもとで修行した瞑想における心の集中状態ですが、ブッダ自身は苦しみからの解放へは導かないとして、これらをしりぞけました。こうした集中は、ブッダの入滅後二百年ほどしてから経典のなかに還る場所を見出したのでしょうが、ありのままの現実を瞑想者から隠してしまうので、正しい集中とよぶべきではありません。ある期間に限って回復をはかるために行うことはできるでしょうが、長期間その状態に逃避することをブッダは勧めていません。

エクササイズ3では、身体と心が統合されひとつになるように呼吸を用いるので、身体と心と呼吸が同時に集中の対象になります。「身心一如」として知られるこの状態は、完璧な統合のひとつです。

日常生活では、心と体がばらばらであることがめずらしくありません。体がここにありながら心はよそにある、はるか過去に迷いこみ遠い未来に浮遊するというように。〈気づき〉があれば、それらふたつを統合し、自分の全体性を回復することができます。この状態が整えば、どんな瞑想を行っても私たちは身心一如という自らの源に立ち返り、いつでもいのちの本質と確かに出会うことができるのです。

身体と心が一体になったとき、感情、心、身体の傷の癒しがはじまります。それらが分離しているかぎり、この癒しは起こりません。坐る瞑想を通じて、呼吸、身体、心の三要素は静まり、しだいにひとつになっていきます。この三つのうちひとつが安らぎに満たされれば、残りのふたつもまもなく安らいできます。たとえば、非常に安定した姿勢であらゆる筋肉と神経組織がくつろいでいれば、心と呼吸はすぐにその影響を受け、しだいに静まってくるのです。同様に、意識的な呼吸を正しく行えば、それは刻々と規則的になり、静まり、調和してきます。その規則性、静けさ、調和は、身体と心に広がり、身心ともにその効果を受け取ります。

身体と心の統合は、この過程を通してはじめて実現します。両者がひとつになっているとき、呼吸は「調和をつかさどるもの」として働き、瞑想の第一の成果である、安らぎ、喜び、くつろぎがもたらされるのです。

エクササイズ 4

身体を静める

息を吸いながら身体を静める。息を吐きながら身体を静める。

エクササイズ3の続きです。ここでは呼吸を使い、全身に安らぎと静けさをもたらします。体に安らぎがなければ心も落ち着きません。ですから、身体の働きに滞りがなく安らかであるよう促すためにも、呼吸を活用する必要があるのです。

息切れや息の乱れがあると、身体の機能を静めることができません。ですから、何より先に呼吸を調えましょう。吸う息も吐く息も、滞りなく軽やかに循環するように。呼吸が整えば、体もそれについてきます。

呼吸には軽やかさと規則正しさが備わり、音がしないことが肝心です。せせらぎが砂の粒子を海に向かって運ぶように、滑らかに息をしてください。呼吸が細やかになるほど、身心は安らいでいきます。息を吸うときには、空気が体に入り全身の細胞をくまなく静めていく様子が感じられるでしょう。息を吐くときには、吐くにつれてすべての疲労やイライラ、心配事などが出ていくことがわかるでしょう。

呼吸とあわせて、つぎのような偈《げ》*を心のなかで唱えることもお勧めします。

息を吸い、体を静める
息を吐き、微笑む
今ここに心をとめて
すばらしいひとときを味わう

瞑想しているとき、身心がひとつであることが自覚されます。ですから心を静めるためには身体を静めるだけでいいのです。微笑むとき、身心の安らぎと喜びがそこに表われています。安らぎや喜びの感覚は瞑想する者を力づけ、瞑想の取り組みを実り多いものにしてくれます。

この学びをさらに深めていくためには、アーナパーナサティ・スッタの第五と第六の瞑想を行うことをお勧めします。[**] どちらも集中した瞑想による喜びによって、自らを高めていけるように工夫されています。瞑想の核心は、今ここに還り、そこに心をとめるとともに、その一瞬に起こってくる物事を観察することにあります。

右の偈のなかの「すばらしいひととき」とは、瞑想によって身心と呼吸のな

＊――仏教の教えや悟りの境涯を詩文の形で書いたもの。偈頌（げじゅ）ともいう。パーリ語でgatha（ガータ）。

＊＊――ティク・ナット・ハンはBreathe, You Are Alive! : The Sutra on the Full Awareness of Breathing（『ブッダの〈呼吸〉の瞑想』野草社刊）のなかで解説している。

かに生きるすばらしさが見出せる、安定したゆるぎない安らぎや幸福の実感を得ることができるという意味です。

身体と感覚は非常に密接にかかわっているので、ここでは経典中の、「身体における身体の十分な〈気づき〉」を教えている部分を取り上げています。ですから身体の確立と感覚の確立との境界は、ためらわずに自由に越えていきましょう。すでに確認したように、体の安らぎは心の安らぎなのですから。

エクササイズ3と4では、身体とひとつになった状態に還り、全身を静めながら呼吸に集中します。呼吸の瞑想中には、言うまでもなくすべての知覚器官――眼、耳、鼻、舌などが閉じているので、周囲のイメージが侵入してきて心の安らぎを乱すことがありません。こうして身体に還ることは、心に還ることと変わらないのです。

私たちはときには疲れを覚え、言うことなすことすべてが裏目にでて誤解を生み、「今日はついてないなぁ」としか思えないこともあります。そんなときには、ただ自分の体に意識を還して外界との接触を絶ち、感覚の扉を閉め切るのがいちばんです。呼吸に集中すれば心、身体、呼吸が整い、ひとつになってきます。外は風雨で荒れていても、部屋の暖炉の前に座っているかのように、暖かさが感じられるはずです。

この練習は瞑想する部屋にかぎらず、時と場所を選ばずに行ってください。自分自身との絆を取り戻し、あなたの全存在を回復するために。

知覚の扉を閉め切ったら、生活や外界との交渉が絶たれ、いのちとの絆が断たれるとは思わないでください。本来の自分を失い自己が分裂しているときには、いのちとの真の絆は存在しません。本来の自分でいるときに、はじめて深いつながりが生まれるのです。今この瞬間に自分が自分自身でないならば、青空を見上げてもその空は本当には眼に映りません。子どもの手をとっても本当に手をつないではいないし、お茶を口に運んでも本当に飲んではいないのです。それゆえ自らの全体性こそが、すべての意味ある深い交流の基礎になります。

そうした全体性は、身体と心に連れ戻してくれる意識的な呼吸によって可能になります。全体性を実現するとは、一瞬一瞬、自分が新たになることでもあります。こうして存在が新たになれば、私たちとじかにかかわる人たちも幸福を感じます。新たに生まれ変わることによって、目に映るすべてが新しく見えてきます。竹林禅師*はあるとき言われました。「わが触るるものことごとく新たなり」と。

エクササイズ 5 姿勢の気づき

続いて、修行者は歩くときには「歩いている」と気づき、立つときには「立っている」、座るときには「座っている」、横たわるときには

「横たわっている」と気づく。どのような場合にも、その身体の姿勢に気づく。

〈気づき〉によって身体の姿勢を観察する練習ですが、これは坐る瞑想のときや道場においてだけ行うものではありません。四念処経が説く瞑想法はどれもが、〈気づき〉を途切れさせないよう一日を通じて活用できます。

道場や屋外で歩く瞑想を行うときには、〈気づき〉の確立を保つために呼吸と歩みをあわせてみるといいでしょう。どんな種類の歩く瞑想でもかまいませんが、歩みはじめにつぎの偈を唱えてみてください。

心は八方へとさ迷いゆくもの

*――十三世紀のヴェトナムの禅僧。陳朝三代目の王で、譲位した後、竹林禅院へ入る。

けれど私は、美しきこの道を歩む、安らかに
一歩ごと、やさしい風が吹き
一歩ごと、花ほころぶ

坐る瞑想では、呼吸を観察しながら、以下の偈を唱えてみることもできます。

ここに坐る
菩提樹のもとのように
この身は〈気づき〉そのもの
思いはどこへもさ迷わず

呼吸を活用すれば、座る・立つといった姿勢に気づくことができます。列に並んで切符を買おうとするとき、座って何かを待つときなどに、〈気づき〉を

保ち身心を静めるためにこの偈を使ってみてください。「息を吸って、この体を静める」。

エクササイズ 6 動作の気づき

続いて、修行者は前へ進むとき後ろへ戻るとき、その前進・後退にくまなく気づく。前を見る、後ろを見る、かがむ、立ち上がるときに、その動作にくまなく気づく。法衣を身につけるとき、托鉢の器を携えるときにも、くまなく気づく。食べる、飲む、噛む、味わう、このすべてに十分な気づきを向ける。排便や排尿の際にも、十分な気づきを向ける。歩く、立つ、横たわる、座る、寝ても覚めても、話すときも沈黙するときにも、あらゆることを気づきの光で照らす。

これは身体の動作に対する観察と気づきの練習ですが、出家者にとっては修行の基本です。

私が四十八年前、はじめて出家し沙弥《しゃみ》（入門僧）となったおりに、師からそらんじるようにと渡された初めての本は、手を洗う、歯を磨く、顔を洗う、衣をまとう、境内を掃く、排便する、入浴することなどを通して修行するための短い詩句集（偈文集）でした。鐘の音を聞くと、意識的な呼吸とともにつぎの偈を唱えたものです。

鐘の音を聞けば
苦悩は終わりを告げる
私の理解は強さをおび

目覚めの心が生まれる

偈を唱えることと呼吸の瞑想を組みあわせれば、〈気づき〉を保つことがさらに容易になります。〈気づき〉は一つひとつの動作を落ち着かせ、私たちを身心の主とするのです。また〈気づき〉は私たちの内に集中力（禅定《ぜんじょう》）を養います。

私がいただいたのは、中国の読体《ドーティ》禅師による「毘尼日用切要《びにこちようせつよう》」（日常で活用する偈文集）でしたが、その偈の多くは華厳経《けごんきょう》＊から引用されたものです。私もこれと同様の視点で、五十近くの偈からなる『この瞬間がすべての幸福』（サンガ刊）という本を書きました。そこには意識的な呼吸と組みあわせることもでき

＊——一塵の中に世界があり、一瞬に永遠があるという、一即一切・一切即一を説く。サンスクリット語名アヴァタムサカ・スートラ。

る、とても活用しやすい偈を載せています。

〈気づき〉がなければ、動作はせわしなく荒っぽいものになります。この練習を行ううちに、身のこなしがゆったりしてくることがわかるでしょう。初心者でも真剣に取り組めば、日々の所作が調和し優雅さや慎重さが身に備わることがわかります。身のこなしや話し方に〈気づき〉は現われます。どんな動作でも〈気づき〉の光に照らされたとき、身心はくつろぎ安らぎ喜びに満たされます。これは昼も夜も、一生を通じて行うべき練習なのです。

エクササイズ 7

身体の各部分の観察

さらに修行者は自分自身の身体を、足の裏から上に向かい、そして頭頂の毛髪から下に向かって、身体がその一部としてもつ不浄な物質に満ちた、皮膚に包まれた身体の内側を瞑想する。「これが頭髪、体毛、爪、歯、皮膚、筋肉、腱、骨、骨髄、腎臓、心臓、肝臓、横隔膜、脾臓、肺、小腸、大腸、排泄物、胆汁、痰、膿、血液、汗、脂肪、涙、油分、唾液、粘液、関節液、尿」、このように瞑想する。

自分の身体にさらに深く触れていく瞑想です。ここでは、髪の毛から足の裏の皮膚にいたるまで、全身を部分ごとにじっくり観察していきます。脳、心臓、肺、胆嚢、脾臓、血液、尿やそれ以外の部分も含めて体中を洗いざらい、観察によって点検していくのです。

ブッダは、農夫がさまざまな種をいっぱいに詰めこんだ袋の中身を床に開け、一つひとつの種を「これは米、こちらは豆で、胡麻の種もある」というように、よく見て分類していくたとえによってこれを説明しています。

注意深く身体のあらゆる部分を観察していくときには、意識的な呼吸を使います。「息を吸う、髪の毛に気づく。息を吐く、これは髪の毛だとわかる」、このようにです。

意識的な呼吸によって〈気づき〉を保つことが容易になり、身体の一つひとつの部分を観察する努力も持続できるでしょう。意識的な呼吸のほかには、声に出さずに各部分の名称を唱え、〈気づき〉の光によって少しずつその部分をくっきりと浮かび上がらせていく方法があります。

なぜ身体の各部分を念入りに観察していく必要があるのでしょうか？

それには、自分の身体とつながるという意味があります。一般には自分と身体がつながっていることなど当たり前と思われていますが、実際にはそうでないことが多いのです。両者に大きな隔たりがあるかぎり、身体は私たちにとって異物にほかならないのです。なかにはそれを憎み、牢獄のように罰を受ける場所であると考える人さえいます。身体に還ることで、理解が深まり、身体との調和を確立できるようになります。身体が幸福でなければ自分も幸福でないのは明らかですから、自分の体が穏やかで平和であるようにとだれもが願うはずです。身体に立ち返り和解するのはそのためなのです。

身体のいろいろな部分に触れることで、それら一つひとつを知ることができます。それがどこであっても、慈愛をこめていたわるように触れてください。何十年ものあいだ、眼、足、心臓は、あなたに連れ添い、あなたのために献身的かつ忠実にその役割を果たしてきました。それなのに、あなたはほとんど彼らに関心を払わず感謝を示してきませんでした。自分の身体としっかりした関係を築くことが必要です。

注意深く身体の各部分を観察するもうひとつの理由は、それらが解放と目覚めへの扉となりうるからです。瞑想に入ったばかりのときには、観察する部分の存在感がわかる程度でしょうが、やがてその本質が見えてくるようになります。髪の毛の一本一本、肉体の細胞の一つひとつのなかに全宇宙が含まれています。一本の毛髪のなかにある相互依存（縁起《えんぎ》*）の本質が見えてくれば、万物の本質も見通すことができるようになるでしょう。

　身体の各部分を観察する瞑想は、頭髪からはじまり足の裏の皮膚まで降りていきます。眼、心臓、つま先など、一カ所だけを深く観察する場合もあります。頭から足にかけて観察していくあいだに、何かの連想が浮かんでくることがあるかもしれません。心臓を観ているときに「友だちのジョンには心臓病があったな。元気にしているか近いうちに見舞いに行かなくては」と考えたり。そうした連想についてはいったん確認したうえで、他の部分を観察する取り組みを続けましょう。心に浮かんだ場面は、後で思い返せばいいのです。

エクササイズ 8

身体とすべての存在とのかかわり

さらに修行者は、どのような姿勢でいる場合にも、身体を構成する要素をひと通り眺めわたし、「この身体には地の要素、水の要素、火の要素、風の要素がある」と観る。

身体と宇宙のあらゆる存在とのかかわりあいを明らかにする瞑想です。これ

*――「因縁生起」を略したもので、すべてのものはかかわりあいながら生滅し、変化し続けているという意味。本文に、相互依存的性質（interdependent nature）、相互依存的生起（interdependent origination）、相互依存的同時生起（interdependent co-arising）としているのは、この「縁起」を示している。

はすべての存在の無我*や不生不滅の本質を、自らを通して確認するための方法のひとつです。こうしたとらえ方が私たちを解放と目覚めへと導きます。

経文は、身体において地・水・火・風の諸要素の存在に気づくように説いています。これらは四大要素であると同時に、四つの領域にも分けられると考えられています。地の要素は物質の硬質で堅固な性質を表わしています。水の要素は液体の浸透性を、火の要素は熱を、風の要素は動きの性質を表わします。界分別経《かいふんべつきょう》**および本書付録にある念処経の第二訳本には、どちらにも六つの要素が挙げられていますが、残りのふたつは「空間」と「意識」です。

私たちの身体は四分の三以上が水です。身体に含まれる水を深く観察していくと、血液、汗、唾液、涙、尿など浸透する性質のある液体だけではなく、一つひとつの細胞中の水の要素も見えてきます。身体には雲も存在します。雲がなければ雨は降らず、飲み水や食料である穀物や野菜も手に入らないからです。

私たちのなかには、体内のミネラル分としての土の要素が見えます。母なる大地のおかげで食べ物が与えられているゆえに、私たちのなかには生きた地球があります。また動きを表わす風（空気）もあります。空気がなくては生きていることができません。地球の他の生物と同じく、私たちが生きていくには空気が必要だからです。

こうして瞑想によって、注意深く観察しながら自らの身体にあるすべてを知り、自分と万物とのかかわりあいの本質を理解していきます。自分のいのちが身体だけに限定されるのではないことを理解し、自己は身体であるという誤った考えから脱却するのです。

『太陽こそ我がハート』（The Sun My Heart 未邦訳）という著書のなかで私は、太陽を第二の心臓であると書きました。太陽は体の外にありますが、肉体にとって

＊——他から離れて単独で存在する、不変の実体としての個はないという意味。

＊＊——人間の要素を対話形式でブッダが解説している経。地界・水界・火界・風界・空界・識界の六つの要素があり、総称して「六大」ともいう。サンスクリット語名ダトゥヴィバンガ・スートラ。

は心臓と同じくらい大切です。体内の心臓が機能を停止すればいのちがないことは火を見るより明らかですが、外側の心臓である太陽が活動を止めれば人は即座に死ぬという事実は忘れられがちです。

身体にある相互依存の本質を〈気づき〉の眼によって観察すれば、体の外にも自分のいのちがあることが見えてきます。それによって私たちは自己と非自己の境界を超えていくことができます。このように〈気づき〉によって入念に観察していくことで、誕生と死といったものの見方の枠づけからも解放されていきます。

エクササイズ 9

変わり続ける身体（身体の無常）

九つの観想（死体が分解していく九段階の瞑想）

一　膨れ上がり、青黒く変色し、腐乱した死体

二　虫やウジが這い回り、カラス、鷹、ハゲ鷲や野犬が引き裂き喰う死体

三　残されたものは、わずかに肉と血がこびりつく骸骨

四　残されたものは、肉片さえもなく血の痕跡ばかりの骸骨

五　残されたものは、血の痕跡もない骸骨

六　残されたものは、ここに手の骨、あちらには脛の骨、そこに頭蓋骨と、散らばるばかりの残骸

七　残されたものは、白々とした貝殻色の骨の残骸

八　残されたものは、乾き切ったひとかたまりの骨の残骸
九　骨も朽ちて、塵の堆積ばかりの残骸

これは身体の無常*と、朽ちていく性質を理解するための瞑想です。念入りに観察しながら、死骸が朽ちていく九つの段階をたどります。

初めてこれを読むと、気持ちのいい瞑想だとはとても思えないでしょうが、ここからは目覚ましい効果が期待できます。この瞑想からは解放感と深い安らぎ、喜びがもたらされるでしょう。入念な観察によって私たちは死体の各段階を一つひとつ確認し、自分の肉体も同じ段階を経ていく運命にあるとわかります。

かつて修行者は、実際に墓地に行って坐り、死体がこうしていくつもの段階を経て分解していく様子を観察することがあったようです。現代ではもちろん、朽ちていく死体が多くの人の目にさらされることはありませんが、経典の記述

を読みながらそのようすを視覚化することは可能です。

この瞑想は、身心ともに健康な状態で行ってください。また「貪欲《とんよく》」と「嫌悪」**を克服しないうちに取りかかってはなりません。この瞑想の目的は厭世的になることではなく、いのちの尊さを知ること、悲観に走ることなく、いのちの無常の本質を見究め人生を無為に費やさないことなのです。物事をあるがままに観る勇気をもつなら、その成果はすばらしいものになるでしょう。対象に無常を見出せば、その存在の真価を認められるようになります。

夜遅くまで起きていて、柱サボテンの花が開くのを見たことがありますか？

＊――この世界のすべての現象は、つねに生じ滅して、とどまることがないという意味。ティク・ナット・ハンはこれを虚しいと見るのではなく、変わっていくからこそ慈しむことができると説いている。

＊＊――貪欲とは、仏教で根本煩悩とされる三毒（むさぼり、怒り、無智）のうちのひとつ。いっぽうで、嫌悪は執着の反対であり、ブッダの説く「中道（両極端にとらわれない自由さ）」から離れた迷いを深める心のあり方。ここでは、三毒や中道への取り組みという基本をなおざりにしたまま、この瞑想を行うことの危険性を指摘している。

開いてから二、三時間ほどでしぼんでしまう花ですが、そうした運命を知っていれば、そのすばらしい香りと美しさを味わうことができます。開花する前にあらかじめそのいのちのはかなさを知ることで、しぼむときにも悲しんだり落ちこんだりせず、しっかりとその花とつながっていられるのです。

人生を共にする愛しい人々や周囲の美しく大切な存在たちは、みなこのすばらしいサボテンの花です。彼らの外見だけではなく本質に目を向けることができれば、どうすれば今このときにその存在を大切にできるかがわかります。それを知ったとき、真に相手とつながる機会が訪れます。そして彼らに手を貸し、その幸せのために働くことを通して、私たちもより幸福になれるのです。

この九つの観想はいのちの尊さを自覚させてくれます。執着や嫌悪に縛られない、明るくいきいきとした生き方を示してくれるのです。

前半の九つのエクササイズについての補足

ブッダが身体において身体を観察するために説いた、以上のエクササイズ1から9は、それぞれが、呼吸、身体、姿勢、動作、身体の各部分、身体を構成する諸要素、または身体の分解のうち、ひとつを取り上げて対象にしています。こうして観察を進めることで、私たちは自分の身体とじかにつながり、身体を構成する要素が生じ滅していく過程を観ることができます。経典では、身体において身体を観察するそれぞれの瞑想の最後に、つぎの一文がつけられています。

これが身体において身体の観察を保ち続ける方法である。このよう

に身体の内や外から、または内と外の両方から観察する。身体においては物事が生じつつある過程や消えていく過程を、または生じ消えていく過程を同時に観察し続ける。さらに、理解と十分な気づきがもたらされるまで、「ここに身体が存在する」という事実を注意深く受け止める。雑念にとらわれずあらゆる束縛を受けずに、この観察を保ち続ける。比丘たちよ、これが身体において身体の観察を行う方法である。

ここで忘れてはならないのは、呼吸、姿勢、動作、身体の各部分――どれもが身体に属し、身体そのものであることです。身体を入念に観察していく意味は、こうした側面にじかに触れること、身体の誕生と死の過程や、その無我と縁起（相互依存）の本質を見ることにあります。

ゆえに〈気づき〉の眼によって身体を観察する九つのエクササイズを通して、無常、無我、縁起という仏教の三つの基本的な考え方がじかに理解できるのです。私たちをありのままの世界に解放し目覚めへと導くのが、これらの九つの瞑想です。

付録に収録した経典の第二訳本では、身体についてのそれぞれの瞑想にはこう書き加えられています。

　これが、内と外から身体として身体に気づき、理解、洞察、明晰さ、認識によって身体に〈気づき〉を確立する方法だ。そして身体として身体に気づいている、といわれる状態である。

ここでいう理解、洞察、明晰さ、認識とは、身体を入念に観察していくことによって、身体とすべての存在の無常と縁起の本質を認識し、見抜き、気づきの光で照らし、深く悟ることを意味します。

あらゆる存在の無常、無我、縁起の本質を観察していけば、人生に嫌気がさすどころか、生きるものすべてが尊い存在として目に映ります。心の解放（解脱）とは、人生から逃避したりそれを台無しにすることではありません。仏教とは人生を否定する教えだとか、物質・感覚・認知・思いの形成・意識という五蘊の世界を超越することだという人が少なくありませんが、そうした主張は、いのちは無でありすべては無価値だと悟るために修行があるというのと同じです。

サールナート*での初めての説法を記した転法輪経**でブッダは、存在への執着は非存在への執着ほどには問題にはならないと教えています。また迦《か》旃《せん》延《ねん》経《きょう》***では、存在・非存在という視点では現実の本質は見出せないと説いています。

ここでのブッダの意図ははっきりしています。苦しみの原因は、人生や五蘊やあらゆるものの無我・縁起の性質ではなく、私たちの無智（無《む》明《みょう》）が不幸を生むのだということです。

人は無常、無我、縁起こそがいのちの本質だと理解できずに、存在するものは変わらないと思いこみ、物事に執着します。こうした考えから、苦しみや思いの形成（心の固まり）のもとになる、渇望、嫌悪、傲慢、疑いなどができあがります。無常、無我、縁起はいのちの基本的性質です。無常でなければ穀物の種が穀物になることも、赤ん坊が成長して学校に上がることもないのですから。

実際に、物事が現われ、完成し、衰退し、その存在を終えるのは、無常、無我、縁起の本性があるからです。誕生、衰退、終焉は、どんな種の生き物にも共通する必然的ななりゆきです。無常、無我、縁起を否定してしまうと、生きることは不条理で受け入れがたいものになるでしょう。

*――ブッダが悟りを得てから最初に説法した場所。インド北部のガンジス河のほとりにあるヒンドゥー教の聖地ヴァラナシの郊外。鹿が多く住んでいたといわれ、漢語で鹿野苑と書かれる。仏教の四大聖地のひとつ。

**――ブッダの最初の説法をまとめた経典。経名は、最初の真理の教えの輪を回したという意味。パーリ語名ダンマチャッカ・スッタ。

***――十大弟子の一人カッチャーヤナに説いたブッダの言葉。有という存在・無という非存在の二つとも否定し、中道を説く。パーリ語名カッチャヤナゴッタ・スッタ。

私たちはそれとは反対に、これらをいのちの本質的な要素として讃えるべきです。いのちの本質をあるがままに受け入れられないときに限って、執着と後悔のもつれにがんじがらめになってしまうのですから。

大宝積経《たいほうしやくきよう》*には、一握りの土を投げつけられた犬のたとえがあります。土くれがあたったとき、犬はそれを追いかけひどく吠え立てました。犬は自分の痛みの原因が土くれではなく、それを投げた男だとは気づかなかったのです。経文はこう教えています。

これと同じく、二元性の概念にとらわれている凡夫は、どんなときでも自らの苦しみは五蘊から来ると思いこむ。だが苦しみの真の根源は、五蘊の無常、無我、縁起の本性への無智なのだ。

正しく理解することができないとき、私たちは物事に執着しそれにとらわれるようになります。経文には「蘊《うん》（集合）」（スカンダ）と、「執着の蘊」（ウパーダナ・スカンダ）という言葉が用いられています。「スカンダ」はいのちを生じさせる五要素、「ウパーダナ・スカンダ」は執着の対象としての五要素です。

苦しみのもとは五蘊ではなく、私たちを縛っている執着のほうです。苦しみの根源を誤解し、執着する心の状態に触れずに、感覚器官や五蘊のほうを変えるべきだと思いこんで、肉体、音、匂い、味、触覚、心の対象を恐れ、物質、感覚、認知、思いの形成、意識などを嫌悪するようになる人たちがたくさんいます。

何ごとにもとらわれなかったブッダは、健やかでみずみずしい活力に満ち、安らぎと喜びと自由を生きた人でした。その唇には微笑みが絶えず、彼がいるだけで周囲はさわやかな雰囲気に満たされました。ブッダがいかに人生を愛し、

＊――大乗経典四十九部を集めたもの。紀元七一三年成立。サンスクリット語名ラトナクータ・スートラ。

身のまわりの美しいものを深く味わうすべを知っていたか、経典は多くの逸話を通して語っています。

霊鷲山《りょうじゅせん》*に沈む夕陽、緑のあぜ道に縁取られた黄金の稲田、竹林精舎**の新緑の風景、愛すべきヴァイシャーリの町***――ブッダはさまざまな機会を通じて、そうした美しい景色をアーナンダ****に見せました。

彼は美醜にかかわらず、すべてに無常の本質を見ることができたので、美しいものへの恐れをもちませんでした。物事を追い求めることも、避けることもなかったのです。自由の道とは、五蘊から逃避するのではなく、五蘊に面と向かい、その本質を理解することなのです。

庭の花を切り祭壇に供えるのは、その花の美しさを認めているからです。確実なのは、「花は美しいがその美しさははかない。二、三日たってしおれたとき、その美もともに消えうせる」ということです。これが本当だとわかれば、二、三日たって本当に花がしぼんだときにも苦しみ悲しむことはないでしょう。無常であるという花の本質を知ることで、かえって一つひとつの花の美を味わえます。物事の無常を観察するのは、対象を否定するためではありません。欲望や執着にとらわれずに、深い理解によって物事に接するためなのです。

仏教で自由とは、目覚めと理解によってもたらされる自由のことです。瞑想中には欲望と闘う必要はありません。基本的な瞑想の経典――四念処経とアーナパーナサティ・スッタは、ともにこの原理についてわかりやすく書いています。「何かを欲しいと思うとき『心は欲しがっている』と気づき」（四念処経）。

---

*――インド北部マガダ国の首都ラージャガハ（王舎城）の近くの岩山。ここに霊鷲精舎とよばれるブッダの僧院があった。現在でも説法を行った台座などが遺跡として残っている。

**――マガダ国の首都ラージャガハ（王舎城）にあった、ビンビサーラ王が寄進したブッダの最初の僧院。もともと竹園であったことからこの名がついた。

***――インド北部、ブッダの時代にもっとも栄えた商業地帯の中心地。ブッダはこの地を何度も訪れ、説法や僧たちの指導を行った。死の直前の最後の滞在地でもある。

****――ブッダの十大弟子のひとり。ブッダの近くに仕え、その言葉をもっともよく記憶していたので、最初の仏典編集の中心となった。

「息を吸う、心の働きに気づく」（アーナパーナサティ・スッタ）。欲をもった心を確認し、その心と心の対象の本質をよく見つめれば、そこにある無常、無我、縁起が理解され、そうした心の状態に振り回されることはなくなります。

仏道は欲を滅する道であり、解脱者とは皺くちゃで生気のないやせさらばえた阿羅漢《あらかん》*である、と考える仏教徒たちが何世代にもわたって存在しました。ここで欲望とはいったい何なのか、明らかにしておきましょう。

三日間食べ物なしに過ごせば、食べたいと思うようになります。これが欲望でしょうか？　生きるうえで欠かせない要素である自然な欲求を捨てるべきでしょうか？　空腹のときに食べる、渇きを覚えて飲む、これらは解放の道に反する行為なのでしょうか。もしそうなら、仏教とは生きることから逃避し、生を放棄する教えであるということになります。

十分に飲み食いすることが、体を養い丈夫でいるために欠かせないのはいうまでもありません。とはいえ、度を越せば体をこわすのもたしかです。ですから、丈夫で健康でいるための飲食は解放の道を歩く助けになりますが、自分の体や他者を苦しめるような飲み食いの仕方は、自由の道に反するといえるでしょう。前者には欲望が存在しませんが、後者には欲望がともなっています。

欲を滅しやせさらばえた阿羅漢のイメージとは反対に、解脱した修行者を、美と活力にあふれ、いきいきとした健康的な菩薩として描く仏教徒たちもいました。こんな菩薩のイメージは、愛と共感にあふれたハートをもち、唇に微笑みをたたえたブッダと瓜ふたつです。ブッダは孤高の人生を歩んだ人ですが、生きとし生けるものを助けるために俗世と深く交わることも決していといませんでした。

「雑念にとらわれず、自由に観察する姿勢を確立していれば」(四念処経)、美しい日没の愛で方を知るのは、欲望とはまた別のことです。無常、無我、縁起が

*——サンスクリット語のarhatが語源。最高の悟りに達した聖者。

理解できたとき、目覚めが訪れます。冷たいせせらぎを泳ぐ、澄んだコップ一杯の水を飲む、甘いみかんを食べる、それらの冷たさ、透明感、甘さの味わい方を知ることは、執着心がともなわなければ欲望ではありません。何世代ものあいだ南伝の仏教では——北伝の仏教でもある程度は*——安らぎや喜びを恐れ、あえてそれらを瞑想に取り入れようとはしませんでした。つぎのエクササイズは、この経典の第二訳本から引いた（本書付録二四九ページ参照）、安らぎと喜びの瞑想です。

エクササイズ 10

喜びに気づき、心の傷を癒す

さらに比丘たちよ、五欲を捨てることにより、心の集中のうちに至福が起こり、それが全身にくまなく行き渡るとき、身体として身体に気づく。

さらに比丘たちよ、身体として身体に気づいている修行者は、心の集中のうちに起こる喜びが全身にくまなく行き渡るのを感じる。体の内で、集中の間に生まれたこの喜びの感覚が行き渡らないところはどこにもない。

さらに比丘たちよ、身体として身体に気づいている修行者は、喜びが消えるとともに現われ、全身に行き渡っていく幸福感を経験する。喜びが消えるとともに現われる幸福感は、全身のすみずみまで行き渡る。

---

*――インドから東方へ仏教が伝わる際、スリランカ・ミャンマー・タイなどに伝わった仏教を南伝といい、チベット・中国・日本などに伝わった仏教を北伝という。しかし、これは近代になってからの慣行的な分類であり、実際には、歴史を通じてアジアの各地域でさまざまな派が生滅していった。

さらに比丘たちよ、身体として身体に気づいている修行者は、理解に満ちた明晰で穏やかな心で全身を包む。

この瞑想の目的は、くつろぎ、安らぎ、喜びを得ること、感情と心そして身体に負った傷を癒すこと、喜びの瞑想を深めて精神を養うこと、そして瞑想の歩みがさらに先へと進んでいくことです。

動揺、欲望、憎しみなどが治まれば、脚を組んで坐り呼吸に集中することによって、安らぎと解放が感じられるようになり、続いて喜びが体の内に湧き上がってきます。以下の順に瞑想してみてください。

一　息を吸いながら全身を静め安らぎで満たす。息を吐きながら全身を静め安らぎで満たす。（エクササイズ4）

二　息を吸いながら喜びを味わう。息を吐きながら喜びを味わう。（アーナ

パーナサティ・スッタの第五の瞑想）

三　息を吸いながら幸福感を味わう。息を吐きながら幸福感を味わう。（アーナパーナサティ・スッタの第六の瞑想）

四　息を吸いながら心を幸福と安らぎで満たす。息を吐きながら心を幸福と安らぎで満たす。（アーナパーナサティ・スッタの第十の瞑想）

こうして瞑想しながら、喜びと安らぎの要素が全身の細胞の一つひとつにくまなく染み渡っていくのを感じます。第二訳本の一節を見てみましょう。

浴室係が粉石けんを洗面器に入れ、水分がくまなく石鹸分に行き渡るまで混ぜこむように、感覚的な欲望が治まったときに生まれる至福が、全身にくまなく行き渡っていくのを感じる。

動揺、欲望、憎しみを手放したとき生まれる喜びの感覚は、心を集中する方法を身につけたとき強まり、さらに深く浸透していきます。

山奥の泉から湧く澄んだ清らかな水が、ほとばしり出て四方の山すそへと流れくだり、それまで潤うことのなかった土地から湧き出して、全山が水で満たされる。それと同じように、集中のなかで生まれた喜びは修行者の全身に浸透していき、至るところに現われる。

心に真に幸福な状態が実現すると、喜びの感覚が静まる一方で幸福感はより安定し深まっていきます。喜びがあるうちは、多少なりともそれに余分な思考や高揚感がともなうからです。喜びと幸福を比較するのによく引きあいに出されるのは、「砂漠を旅する者は、冷たい水をたたえた流れに出会えば喜びを体験するが、その水を飲んだときには幸福を体験する」というたとえです。

澄んだ水の底から池の水面に浮かび上がる、青、ピンク、赤、白などさまざまな種類の蓮、その主根、側根、葉、花にいたるまで池の水に満たされ、蓮のどこをとっても水を含まない部分がない。そのように、喜びが消えるとともに生まれる幸福感は修行者の全身をひたし、その喜びが行き渡らないところはどこにもない。

この瞑想を通じて幸福感と安らぎを味わいます。幸福と安らぎの意識で全身を包みこみ、その意識が身体を満たします。

頭から足まで届く非常に長い衣をまとい、全身で衣に覆われていない部分は見あたらない、そうした人と同じく、明晰で穏やかな心で瞑想すれば、全身は理解で包まれ、それによって覆われていない部分はどこにもない。これが、内と外から身体として身体に気づき、理解、洞察、明晰さ、認識によって身体に〈気づき〉を確立する方法だ。そして身体として身体に気づいている、といわれる状態である。

これまで見てきたように、こうした瞑想を行うのは喜びと幸福によって自らを養い、心の傷を癒すためです。しかし、観察による瞑想の取り組みを進めていくには、喜びでさえ手放すほかはありません。喜びや幸福感は肉体的・心理的な条件しだいで生まれるものですが、それらはほかの肉体的・心理的な現象と同じく永続はしません。〈気づき〉の観察によってはじめて、私たちはすべての存在の無常、無我、縁起の本質を悟り、解放と自由とを実現するのです。

感覚を観察する

エクササイズ 11

感覚を確認する

快感があるとき、「快感を経験している」と気づく。苦痛があるとき、「苦痛を経験している」と気づく。それが快感でも苦痛でもないときには、「中性の感覚を経験している」と気づく。

感覚には快、不快、中性の三種が存在します。ここで学ぶのは、一つひとつの感覚が生まれ、持続し、消滅する過程でその違いを見分け、それらに触れていくことです。

不快を感じるときにはその感覚を急いで打ち消そうとせずに、意識的な呼吸に戻って観察を行いましょう。「息を吸う、不快感が心に生まれたのがわかる。息を吐く、不快感が心にあることがわかる」。

快感であれ中性の感覚であれ、その感覚自体に意識を向け注意深く観察してください。感覚こそ自分自身であり、感じているとき自分は感覚そのものであることがわかります。感覚に溺れたり、それに怯えることも拒否することもしない、これが感覚に触れるもっとも効果的な方法です。

「快感、不快感、中性の感覚」と言葉にして確認すれば、よりはっきりと識別ができ認識も深まるでしょう。執着せず拒否もしないという姿勢を放下《ほうげ》（手放すこと）とよびますが、これは瞑想に不可欠な要素です。この放下は、四無量《しむりょう》心《しん》*の慈、悲、喜、捨のうちの捨にあたります。
私たちは五蘊《ごうん》——物質（身体）、感覚、認知、思いの形成、意識でできています。それぞれの集合は河と同じです。この身体は河であり、一つひとつの細胞は水のしずくで、その集合は絶え間なく形を変え動き続けています。感覚の河も存在します。一つひとつの感覚が水のしずくというわけです。快、不快、中性、どの感覚も、他の感覚の影響を受けながら、生まれ、成長し、消滅していきます。感覚の観察とは、感覚の流れの岸辺に腰を下ろし、一つひとつの感覚が生まれ、育ち、消えていくまでを確認することです。

感覚は、思考や気持ちを方向づけるうえで重要な役割を果たしています。数々の思考は、そのときどきに存在する感覚に関連して生まれ、相互に結びついていきます。そこにある感覚に、〈気づき〉を向けていると、変化が訪れま

*——他者の幸福のためにもつ無制限の利他心のこと。人の幸福を願う心（慈）、人の苦を取りのぞく心（悲）、人の幸福をともに喜ぶ心（喜）、執着を捨てた平等で穏やかな心（捨）の四つをいう。

す。ある感覚だけで心が占められている状態が、気づきの光のなかで変容するのです。そうすれば感覚への〈気づき〉がない状態とくらべて、集中が途切れることがありません。

念入りに感覚の観察を進めていけば、その本質と源がわかってくるでしょう。それによって観察力はさらに高まります。対象が何であれその本質を見抜けるようになれば、それが原因で道をはずれたり自分を貶めることはなくなり、対象を超えていけるようになります。

エクササイズ 12 感覚の源を見つめ、中性の感覚を確認する

身体にもとづく快感を経験しているとき、「身体にもとづく快感

を経験している」と気づく。心にもとづく快感を経験しているとき、「心にもとづく快感を経験している」と気づく。身体にもとづく苦痛を経験しているとき、「身体にもとづく苦痛を経験している」と気づく。心にもとづく苦痛を経験しているとき、「心にもとづく苦痛を経験している」と気づく。身体にもとづく中性の感覚を経験しているとき、「身体にもとづく中性の感覚を経験している」と気づく。心にもとづく中性の感覚を経験しているとき、「心にもとづく中性の感覚を経験している」と気づく。

エクササイズ11の続きです。このエクササイズ12には、感覚の源と本質を見抜けるよう導く働きがあります。

快、不快、中性の感覚は、身体的、生理的、または心理的要因のどれかから生じると考えられます。〈気づき〉の眼で感覚を観察すると、その源が見えてきます。たとえば、前の晩、夜ふかしをして気分がすぐれないとしたら、その不快感は生理的な原因からきています。

しかし、原因がわかっただけでは不十分です。さらに観察を進めて、その感覚がどのように現われてくるかを知り、その本質を理解する必要があります。感覚を理解するには原因を知るだけではなく、それが展開する過程や結果をも見極める必要があるのです。

たとえば、ウイスキーを傾けたりタバコを一服することで心地良さを感じる場合。つぶさにその感覚を観察していけば、そこに生理的、心理的な原因が見えてくるでしょう。言うまでもなく、飲酒や喫煙によってだれもが同じ快感を得られるとは限りません。咳きこんだりむせ返ったりする人もいます。そうした感覚は不快です。

このように、感覚の原因とは見かけほど単純なものではありません。あらゆる感覚の原因には、習慣や時間、心理的、生理的状態などの要素がかかわっています。感覚をよく観察することによって、自分の生理的、身体的、心理的な癖が見えてきます。そこには自分の癖だけではなく、私たちが消費するこれらの商品を生み出す社会の傾向も現われています。

感覚を深く観察していくと、そこにはウイスキーの本質やタバコの本質が見えます。一杯のウイスキーをよく観れば、それを造るのに欠かせない穀物が見えてきます。飲んだ瞬間と直後に、アルコール分が身体におよぼす効果が見えます。アルコールの摂取と自動車事故とのかかわりも見えます。またアルコールの摂取と深刻な世界の食糧難のつながりも見えてきます。私たちがアルコールや肉の生産のために膨大な量の穀物を浪費する一方で、世界中の多くの地域では、食用穀物の欠乏のために大人も子どもも死んでいっているのです。パリ大学のある経済学者は、「西側社会のアルコールと肉の消費が五〇パーセント削減できれば、世界の飢餓問題は解消するだろう」と述べています。

どんなものであっても、ひとつを取り上げて〈気づき〉の観察眼をもってよく見るなら、その原因と結果が見えてきます。ひとつの感覚をつぶさに観察すれば、その感覚の原因とそれによって引き起こされるかもしれない結果が見えてくるでしょう。〈気づき〉による感覚の観察は、いのちの本質の奥深くまで見通す眼を与えてくれるのです。

自分へのほめ言葉を耳にすれば気分がいいかもしれませんが、その感覚もよく吟味すべきでしょう。快感を受け入れること自体にもちろん異存はありません。しかし、この瞑想では明晰な洞察によって感覚の本質を見抜くのですから、大切なのは〈気づき〉の観察を行うことです。つぶさに観察していくうちに、ほめ言葉が事実ではなくお世辞から出ていたことが見えたとしたら、自分の無智とうぬぼれがその快感を生んだのだとわかります。

そうした快感は、私たちの幻想をさらに強める恐れがあります。この事実を悟れば、たちまち心地よさは消え失せ、私たちは現実に立ち返り両足が地に着きます。幻想に惑わされる恐れもなくなり正気に返るのです。同じくアルコール飲料を飲んだ心地よさも、その原因と結果が見えたときに消え失せます。その快感が消えたとき、別の快感が湧き起こってくることがあります。たとえば、自分が健全な心と気づきによる理解を目指して生きている、そうした自覚のもたらす心地よさです。これは自分も人も成長させ、だれも傷つけることのない健全な快感なのです。

ほめ言葉が真実からきていると思われても、その一言一句が作り出す心地よさの観察を怠らずに続けてください。〈気づき〉によって観察すれば、とりわけ瞑想の進展を妨げるふたつの要素――うぬぼれと傲慢さを避けることができます。

いったんはじめたこの瞑想を継続していけば、私たちはさらに成長していくことができ、ほめ言葉がうぬぼれや傲慢さを強めるのではなく、励ましのひとつになることがわかるでしょう。〈気づき〉による観察は、ほめ言葉を聞くことで生まれる心地よさを健全な快感に変え、私たちを成長に導くのです。

感覚をよく観察すれば、それが相対的な性質をもっていることに気づきます。感覚の性質は、この世界をどう見るかによって決まります。仕事をするたび労働は苦痛以外の何ものでもないと思うような人が幸せを感じられるのは、働いていないときだけです。かたや、することがないと落ち着かず、何もしないよりどんな仕事でもありさえすればいいという人もいます。この場合、仕事が喜び、つまり快感のもとになっています。

人はしばしば、幸福に必要な条件はみんな自分の手元にそろっていると気づかずに、どこかほかの場所や未来にそれを探し求めます。息ができる、それだけでも真の幸福を感じるのに十分な理由ですが、私たちは鼻づまりや喘息にでもならないかぎりなかなかそう思えません。また美しい色彩や形が見られるだけで幸せなのに、視力を失うまではなかなかそれに気づかないのです。走ったり飛び跳ねることのできる健康そのものの手脚がある、自由な環境のなかで生きられる、家族と離れて生活しなくてもすむ——これらはもちろん、ほかにもたくさんのことが幸福の種《たね》になりえます。
しかし、そのことを自覚しないと、幸福には別の何かが必要だと思いこみ、探し求めたあげくに、本当の幸福は手元から滑り落ちてしまいます。人は幸福の種を失って、初めてその真価に気づくものです。こうしたかけがえのない種に気づくこと、それ自体が「真の〈気づき〉」の瞑想になります。その種の存在に光を当てるときに、意識的な呼吸が役に立ちます。

息を吸う
私にはふたつの見ることのできる瞳がある
息を吐く
私にはふたつの自由に使える手がある
息を吸う
私は我が子を両腕に抱いている

息を吐く
私は家族とともに食卓を囲んでいる

こうした瞑想が真の〈気づき〉を培い、日常に深い幸福をもたらします。安らぎ、喜び、幸福感とは、とりもなおさず、私たちにはもともと幸福の条件が備わっていると自覚することです。このように、〈気づき〉は幸福を作るおおもとの、不可欠な要素なのです。自分が幸せであることを自覚していない人は、幸せではありません。歯が痛くなって初めて私たちは、歯痛がないときこそ幸せなのだとようやく思い至ります。ふだん〈気づき〉の実践をしていなければ、歯痛がないことの喜びには気づきません。

ある感覚が起こったとき、それが起こったことに気づいてください。感覚がそこに存在するかぎり、それがあり続けていることに気づいています。感覚の（快・不快・中性の）性質、（身体的・生理的・心理的）原因、またはその（生理的・心理的・社会的）結果などを確かめられるように、その感覚を入念に観察していきましょう。〈気づき〉の観察眼を働かせるための支え役として、意識的な呼吸が役に立ちます。

息を吸う
心地よさが今、生まれたことに気づく
息を吐く
心地よさがまだここにあることに気づく
息を吸う
この感覚が心の働きから起こっていると気づく
息を吐く
この心地よさの源が見える
息を吸う

この感覚が私の健康に与える作用が見える
息を吐く
この感覚が私の心に与える作用が見える

怒り、困惑、妬み、心配などの苦しみの種が心に生まれると、だれしも身心が不安定になります。この心理的感覚は不快であり、身体と心の働きを混乱させ、安らぎ、喜び、落ち着きを奪います。アーナパーナサティ・スッタのなかでブッダは、呼吸を整えることによって不快感に対する気づきをよび起こし、少しずつ不快感を克服していく方法を教えています。

「息を吸う、不快感があることに気づく。息を吐く、この不快感にはっきりと気づく」。瞑想が自然にもたらす呼吸の軽やかさと落ち着きによって、身心は軽やかさ、落ち着き、明晰さをゆっくりと取り戻します。

「息を吸う、この感覚を静める。息を吐く、この感覚を静める」。意識的な呼吸を続け、入念に観察しながら感覚を静めていきます。そうして感覚の本質、原因、結果が見えてくれれば、必然的にその支配を受けることはなくなっていきます。〈気づき〉の観察がそこにあるだけで、感覚の性質がまるごと変化してしまうのです。

恐れと怒りは、生理的もしくは心理的原因から生まれるエネルギーの場です。心に生まれる不快感もまたエネルギーの場です。ブッダは恐れや怒りやそこから生まれる不快感を抑圧せずに、感覚は心理的・生理的なからくりが生むエネルギーだと自覚し、呼吸によってそうした感覚に触れ、受け入れるように教えています。感覚の抑圧は自分自身の抑圧です。

〈気づき〉の観察は非二元性の原理にもとづいています。不快感を自分の成長のための健全なエネルギーへと変容させるには、まずその不快感にじかに触れ、受け入れることです。思いやりと愛と非暴力の姿勢をもって不快感に向きあってください。それは私たちに大きな気づきをもたらす可能性を秘めているのですから。〈気づき〉の観察に取り組むうちに、ある種の不快な経験が真実を見抜く眼と理解をもたらしてくれることがわかるでしょう。

経と論（経の解釈・注釈書）のどちらにおいても、祖師たちは中性の感覚よりも苦痛や不快感に気づくほうがたやすいと述べています。しかしじつは、中性の感覚に気づくことも難しくはありません。中性とは、苦しくもなく心地よくもない感覚です。私たちのなかには感覚の河がありますが、その一つひとつの水滴が苦、快、または中性です。中性の感覚があるとき、人は感覚がないと考えがちですが、中性もまた感覚です。感覚が不在なわけではありません。

歯が痛いと苦痛を感じ、歯痛が消えればその感覚も消えたと思われるでしょう。しかし、じつはそこに、中性の感覚が存在するのです。苦痛ではないのですから、あるのは中性の感覚か快感に違いありません。快感の場合もありえます。私たちは、歯痛がひどいときにはそれが消えることばかりを望み、その痛みさえなくなればじつに爽快だろうと思っています。この場合、歯痛がないことが快感です。しかし、痛みがなくなってしばらくすると、歯痛がない幸せを忘れてしまうものです。

歯痛がない状態は中性といえますが、気づきによってそれを快感に変えることもできます。プラム・ヴィレッジ*では、〈気づき〉の瞑想に取り組めば、すべての中性の感覚は快感に変わる、とよく言われます。事実、この中性の感覚は、私たちのもつ感覚のうちほとんどを占めているのです。

たとえで話しましょう。ある春の一日、父と息子が芝生に座っています。父は〈気づき〉の呼吸をしながら、草の上に座る心地よさを味わい、爽やかさと幸福を感じ、あたりに咲く黄色い花や鳥の声を愛でています。そのとき父親が

*——一九八二年、ティク・ナット・ハンと弟子たちによって、南フランスのボルドー地方に作られた仏教のコミュニティ。僧院であると同時にヴェトナムからの移民を含む共同体であり、そこでの瞑想会や研修には、世界中から宗教の違いを超えて参加者が集まってくる。くわしくは巻末のホームページを参照。

感じているのは快感です。一方で息子は退屈してしまい、父親と座ってなどいたくありません。ふたりとも寸分も違わない環境にいるのにです。

息子のもつ感覚ははじめ中性でしたが、彼はその感覚をどう扱えばいいかわからず、それはいつのまにか苦痛に変わってしまいました。そこで息子は苦痛から逃げ出そうと、立ち上がって家に入り、テレビのスイッチを入れます。父親は同じ環境にいながら深く満ち足りていますが、同じ場所が息子には心地よさをもたらさなかったのです。

だれもがこの話と同じです。快も不快もないとき、そこにあるのは中性の感覚です。その中性の感覚の受け止め方や扱い方を知らなければ、それは苦痛に変わります。それにどう接すべきかがわかれば、健全な感覚――心地よさに変わりうるのです。〈気づき〉に抱擁された中性の感覚は、どんなものでも快感へと変わっていくでしょう。

心を観察する

〈気づき〉の確立の第三は、心の確立です。心のなかで起こっているのは、思いの形成（チッタサンスカーラ）とよばれる心理的現象です。感覚も心が作り上げるものですが、感覚の領域はあまりにも広いので、気づきの第二の確立として独立した扱いになっています。

感覚以外のすべての心理的現象が、認知（サンジュニャー）、思いの形成、意識（ヴィジュニャーナ）です。これらはすべて心の機能であり、心において心を入念に観察する対象になります。この形成は、心、身体、生理のどれにおいても起こります。

仏教では部派によって、この思いの形成の数え方が違います。論蔵派*では五十九、成実派《じょうじつ》*は五十、法相派《ほっそう》*は五十一などです。

四念処経では二十二のみがあげられています。

欲望、怒り、無智、動揺、偏狭、制限、散漫、不自由、疑い、だるさと眠気、興奮と後悔。そしてこれらと反対の、非-欲、非-憎、非-無智、非-動揺、寛容、無制限、集中、自由、疑いの不在、だるさと眠気の不在、興奮の不在。続いて〈気づき〉、嫌悪、安らぎ、喜び、くつろぎ、解放です。

経典の第二訳本では、さらにもうひとつ、不浄を挙げていますが、そこには汚れという思いの形成も含まれるでしょう。第三訳本では、肉欲を欲望一般とは別の形成と見なしていますが、心の作り上げるものは何でも、心における心の入念な観察の対象になりえます。

心における心の観察は、身体における身体の観察、感覚における感覚の観察と変りません。ここでは思いの形成とよぶ心的現象が、生まれ、存在し、消滅するようすに気づきながら観察します。その本質、過去の原因、これから生じる結果を見るために、観察すると同時に意識的呼吸を使って認識し深く見ていきます。ここで重要なのは、〈気づき〉の灯りがともったとき、観察されている思いの形成が自然に健全なものに変容していくことです。

*――論蔵派は、阿毘達磨倶舎論（あびだるまくしゃろん）やその注釈書を中心に研究し継承する宗派。成実派は、一切皆空を説き、四諦の真実を明らかにした、成実論を研究する派。中国十三宗、日本の南都六宗のひとつ。法相派は、玄奘（げんじょう）の弟子の窺基（きき）が開いた「成唯識論」を中心に唯識研究を行う一派。

エクササイズ 13

欲求を観察する

何かを欲しいと思うとき「心は欲しがっている」と気づき、欲しいと思わないとき「心は欲しがっていない」と気づく。何かを憎いと思うとき「心は憎んでいる」と気づき、憎いと思わないとき「心は憎んでいない」と気づく。心が無智の状態であるときに「心は無智の状態にある」と気づき、無智の状態ではないときには「心は無智の状態にない」と気づく。心が緊張しているときに「心は緊張している」と気づき、緊張していないときには「心は緊張していない」と気づく。心が散漫なときに「心は散漫だ」と気づき、散漫でないときには「心は散漫でない」と気づく。心の認知力が広いときに「心の認知力は広い」と気づき、認知力が狭いときには「心の認知力は狭い」と気づく。心が高い意識状態に到達しうるとき「心は高い意識状態に到達しうる」と気づき、高い意識状態に到達しえないとき「心は高い意識状態に到達しえない」と気づく。心が落ち着いているとき「心は落ち着いている」と気づき、落ち着いていないとき「心は落ち着いていない」と気づく。心が解放されているとき「心は解放されている」と気づき、解放されていないとき「心は解放されていない」と気づく。

欲求には「不健全な願望にとらわれること」という意味あいがあります。形、音、匂い、味、感触は、富、性的快楽、名声、美食、睡眠の欲求という五つの感覚的欲求の対象です。これら五種の欲求（五欲）は、あらゆる種類の身心の苦しみを作り出し、瞑想の進展を妨げる原因になります。

気持ちや考えが欲求にとらわれたときには、すぐに欲をもったその心に気づきを向けてください。「これは富を求める心。これは性的な欲求。これは名声を求める心。これは富を求める心が生まれる原因。これは性的欲求が作り出す苦しみの感覚」というように。

四念処経は、欲求が存在しないときにも、その不在を観察する必要があると教えます。瞑想の具体例をあげましょう。

「今は、富を求める心は存在しない。今は、性的欲求は存在しない。今は、名声を求める心は存在しない……。これは、富を求める欲求の不在の原因だ。これは、名声を求める欲求の不在の原因だ……。これは、富を求める心の不在にともなう安心感だ。これは名声を求める心の不在にともなう安心感だ……」。

ブッダはしばしば、多くの人が欲求と幸福とを取り違えていると指摘しています。摩《ま》犍《けん》提《だい》経*でブッダは、ひどい痒《かゆ》みとさすような痛みのある病を患ったゆえに、森に住まなければならなくなった男の話をたとえとして引いています。

男は穴を掘り、枯れ枝や棒をいっぱいに投げこみ、そこに火を放ちました。火が赤々と燃える熾《おき》火になったころ、彼は穴の縁に立ち、腕と脚を伸ばして熱で心ゆくまであぶりました。そうしていると苦しみはだいぶやわらぎます。しかし、熾を焚くことができずその熱が得られない日には、痒みは耐えがたいほどになります。数年後、奇跡的にその病が癒えた彼は、村に戻って暮らすようになりました。ある日森へ行き、大勢のわずらった者たちがその身を引きずりながら熾火で体を温めているのを目にして、男は深い哀れみの念にうたれました。しかし、熾の火はあまりにも熱く、男には近づけません。もしだれかが穴のところまで男を引きずっていって温めようとしたならば、男はその熱でひどく苦しむことになったでしょう。以前、彼を幸せにし、楽にさせてくれたもの

＊――クル国のカンマッサダンマでブッダが説いた、感情や欲望を統御するための教え。放浪の修行者であった摩犍提はこの教えを聴いてブッダの弟子となった。サンスクリット語名マーガンディヤ・スートラ。

が、今や苦痛のもとになったのです。ブッダは、「欲も、森のなかの燃える熾を入れた穴にほかならない。病んだ者だけが欲のことを幸福と思っているのだ」と言います。

出家する前のブッダは、五欲を満足させようとする生活に浸っていました。この言葉は、彼自身の経験から出ているのです。本当の幸福とは、欲や財産をほとんど携えずに生き、自分の内面とまわりの世界にある多くの不思議を味わう時間をもつことだ、ブッダはこのようにも言い残しています。

さまざまな経典に、僧のバッディーヤが無欲な自分の生き方を顧みて、幸福と平安を味わったことが書かれています。ある夜、竹林精舎の木の根元に坐って瞑想にふけっていたバッディーヤは、突然「ああ、幸せだ！」と二回声を上げました。翌朝、仲間の比丘がこのことをブッダに報告しました。この比丘は、バッディーヤが、出家したことで高官としての高い地位を失ったことを後悔しているのではないかと思っていたのです。その日の午後、法話のあとでブッダはバッディーヤをよびたずねました。

「昨日瞑想のときに『ああ、幸せだ！』と二回叫んだというのは本当か？」

「世尊よ、昨晩、私が『ああ、幸せだ！』と二回叫んだのは本当です」とバッディーヤは答えました。

「そのわけを皆に話してみなさい」とブッダは言いました。

「世尊よ、高官だったときに私はぜいたくな暮らしをし、絶大な権力と影響力を手にしていました。どこへ行くときも一連隊の兵たちが護衛についていました。自宅は昼夜にわたり、内も外も兵によって護られていました。それでも、私には心配と恐れと不安がつきまとっていました。出家してからは、自分ひとりで森へ行き、木の根元に坐り、幕も敷物もなしにひとりで眠りますが、不安や恐れは微塵も感じません。高官だった時代には決して得られなかった深い安心、喜び、安らぎを今は感じます。盗まれる物も奪いあう物も持たないので、暗殺や窃盗を恐れることもありません。私は森の鹿のようにゆったりと生きていいます。昨晩、瞑想中にその安心をありありと感じたものですから、思わず声が出て二回も『ああ、幸せだ！』と叫びました。もしも仲間の比丘がひとりでも迷惑をこうむったなら、心からお詫びします、世尊よ」

ブッダは僧バッディーヤを讃えて会衆に言いました。

「僧バッディーヤは、自足と恐れなき道をたゆみなく確実に歩んでいる。神々さえも求めて止まない喜びを味わっているのだ」

唯識[*]学派では、「無欲」――あるものを切望する欲求の不在――を十一の健全な思いの形成のひとつにあげています[**]。無欲は、僧バッディーヤが簡素な生き方を通して実現した、喜び、平和、安心という感覚の必須条件です。簡素とは欲をほとんど持たずに、わずかな持ち物で満ち足りることです。真の幸福には、平和、喜び、安心という要素が欠かせません。ゆえに無欲こそが本当の幸福の基盤なのです。

エクササイズ 14

怒りを観察する

心に怒りがあるとき「自分の心には怒りがある」と気づき、怒りがないとき「心に怒りがない」と気づく。怒りが生じはじめたとき、そ

＊——すべては心が作り出した表象にすぎないという説。心の構造には、もっとも根本的な深層意識・アーラヤ識があり、その上にマナ識、さらに前六識（眼・耳・鼻・舌・身・意識）という顕在的意識が生じるとする。すべては心が作るとすれば、存在は無常で実体のないもの（空）である。

＊＊——十一とは、縁起の法を理解し、仏法僧に帰依し、自分の力を信じること（信）、自分を真理に照らして恥じること（慚）、自分を外に照らして恥じること（愧）、むさぼらないこと（無貪）、怒らず、他に楽を与えること（無瞋）、仏法の真理を学び愚かさをなくすこと（無癡）、善行に勤め精進すること（勤）、身心が安らかで軽々していること（軽安）、怠けず、自律自戒をすること（不放逸）、偏らない平静・素直・正直な心でいること（行捨）、自他ともに害を与えないこと（不害）をさす。このうちで無貪が無欲にあたる。

れに気づく。すでに生じた怒りを放棄したとき、それに気づく。すでに放棄した怒りがそれから後にも生じないとき、それに気づく。

ここでは入念に怒りを観察します。仏教は私たちが、物質(色)、感覚(受)、認知(想)、思いの形成(行)、意識(識)という五蘊からできていると教えています。怒りはこの五蘊のうちの思いの形成に含まれますが、怒りにともなう不快は感覚の一種です。

怒りの克服は瞑想を進めていくうえでの重要な一歩です。自分の心に怒りがあるかないかを見極めることには多くの利点があります。観察と意識的呼吸を組みあわせれば、〈気づき〉の観察に意識のすべてを集中できるようになるでしょう。

怒りの存在と不在について〈気づき〉によって観察をすることの第一の利点は、心に怒りがないとわかれば幸福感が強まることです。怒りは炎のように燃え上がって自制心を焼き尽くし、後悔をもたらすような考えや発言や行動を起こさせます。

怒っているときの行動・言葉・心の作用は、まわりまわって私たちを地獄へと導きます。無間《むげん》地獄を目にしたことがなくても、怒っている人を見れば、その人が灼熱の地獄にいることが明らかです。無間地獄は怒りと憎しみという素材でできています。怒りのない冷静かつ爽やかでまっとうな心は、十一の健全な心の現われのひとつに数えられます。怒りがないこと、それは真の幸福のもとであり、慈しみと思いやりの基盤なのです。

怒りの存在を〈気づき〉で観察する第二の利点は、怒りがあることを確認するだけでその破壊的な性質がいくぶんかやわらぐことです。

怒りは注意深い観察ができていないときにかぎって猛威をふるうものです。怒りが生まれたときには、その存在を確認し、注意深く観察しながら、しっかりと呼吸に意識を向けましょう。こうしているあいだは、あらかじめ心に〈気づき〉があるので、意識が怒りの手中に落ちません。

気づきの心が怒りに寄り添い、「怒っているのは知っているよ」とささやきます。この気づきの心が怒りの付き添い人です。怒りを抑えこんだり追い払ったりせずに念入りに観察し、ただ見守ってください。瞑想を行うときには、これがとても大切な原則です。

〈気づき〉の観察は、光を投げかける灯りにたとえられます。それは裁かず、愛情と思いやりをもって怒りに光を注ぎ、支え、見守ります。姉が幼い弟を見守り安らがせるように。

怒っているとき、私たちは怒りそのものです。怒りを抑えこんだり追い払ったりすれば、自分自身を抑えこみ追い払うことになります。楽しいときには私たちは楽しさと一体です。怒っているときもそれと同じです。愛すれば愛そのものになり、憎しみをもてば私たちは憎しみになります。心に怒りが生まれたときには、怒りはある種の内なるエネルギーであり、自分はそれを違った性質のエネルギーに変えることができるのだ、と考えてみてください。

怒りを変容させるためには、まず怒りの受容の方法を知ることからはじめるべきです。腐敗臭を放つ生ゴミが詰まったゴミ箱は、やがて堆肥となり、しまいには美しいバラを咲かせる可能性を秘めています。一見したところ生ゴミと花とは別のもの、正反対だと思われるかもしれません。しかし、深く観察していくうちに、生ゴミのなかに花がすでに用意され、花のなかには生ゴミが存在することがわかってきます。

美しいバラのなかには生ゴミが含まれています。注意深く見つめればそれが見えてきます。花が生ゴミになるまでは、一週間あれば十分です。臭いのするゴミ箱のなかにはすでに美しい花やコリアンダーやバジルなどかぐわしいハーブ類があるのですから、それを知っている目利きの有機栽培の園芸家は、ゴミ箱をのぞいて落胆したりうんざりしたりすることはありません。生ゴミの価値を認めているので、それを不当に扱うことはないのです。生ゴミが芳しいハーブや花に姿を変えるには、ほんの二、三カ月あればいいでしょう。

怒りや絶望に対しても、この園芸家のような洞察力と非二元的な視点が必要です。それらの感情を恐れたり否定したりするにはおよびません。怒りも生ゴミと同じように自分しだいで変えることができる、とわかるからです。有機栽培に堆肥が欠かせないように、私たちには怒りが必要です。怒りの受容が身についたとき、心にはすでに安らぎと喜びがあるでしょう。わずかずつながらでも、怒りをすっかり変えてしまうことはできるのです。

怒りが生まれるとき、意識の深層に埋もれている怒り以外の心の形成要素は姿を現わしません。唯識学派では、この深層意識のことを阿頼耶識《あらやしき》（アーラヤ）とよんでいます。

人が怒るとき、喜び、悲しみ、愛情、憎悪などは阿頼耶識のなかに存在するものの、表層意識下に地中の種（ビージャ）のように潜んでいます。そこで見守り役を置かずに怒りのするままにまかせていたら、自分の心や周囲に多大な損害がおよびかねません。そのとき〈気づき〉（サティ）という心の形成要素がアーラヤから姿を表わせば、怒りという要素を精神的に支えてくれます。同時に呼吸を観察しながら怒りをていねいに見守ることで、緊迫した状況はしだいに好転してゆきます。怒りがまだ残っていたとしても、それは徐々に力を失い、愛情や理解というエネルギーへと変容しはじめるのです。

〈気づき〉は、私たちを照らす灯りにたとえられます。部屋に灯りをもちこんだとたん、その部屋は変わります。太陽が昇れば、その光はひたすら照り続け、植物を変化させ、育て、実を結ばせます。太陽光は表面的には大した仕事をしていないように見えて、じつは大きな役割をはたしています。太陽のおかげで、植物は葉緑素を作り出し緑色になります。あらゆる動物が生存に必要な糧を得られるのは、植物の生育のおかげです。つぼみに降り注ぐ光が花を開かせます。太陽光がつぼみに入りこみ、光子が変容をうながすことで花が開くのです。〈気づき〉にも、太陽光と同じ働きがあります。私たちも心に十分な気づきという光を絶え間なく降り注げば、その状態はより良い方向へと変わっていくでしょう。

気づきの光に照らされれば、怒りの源が見えてきます。瞑想で大切なのは、対象を深く観察し、その本質を見抜くことです。物事の本質とは、相互に依存しつつ生じること（縁起）であり、万物の源である、あるがままの状態（真如《しんにょ》）です。

怒りをよく見つめてください。そこに誤解（無智）、拙さ（未熟さ）、社会環境、隠れた恨み、心の癖（条件付け）などの原因が見えてくるはずです。これらの原因は自分の内にあると同時に、怒りが生まれるおもな原因となった相手にも存在します。観察を入念に行うのは、本当に見ること、理解することができるようになるためです。よく見て理解することで、私たちは怒りにつきものの苦しみから自由になれます。見つめることと、理解することは、慈しみと思いやりにつながります。それは菩薩の慈悲の妙薬の一滴であり、感情と思考を静めてくれるのです。

　これまで述べてきたように、怒りは一種のエネルギー場です。〈気づき〉の観察と怒りの原因の洞察によって、私たちはその怒りのエネルギーを、創造的で癒しをもたらす慈しみと思いやりのエネルギーに変えることができるのです。

　怒っているときには、相手や自分を傷つける言動をしてしまうものです。わざわざ人を傷つけるようなことを言ったりしたりする人もいます。それによって心のなかに燃え盛る怒りのエネルギー場を解放できると思いこみ、怒鳴り、金切り声を上げ、物をたたき、言葉の毒矢を相手に向かって放つのですが、これは危険な発散法です。

　怒りを表わすのに、もっと危険性の低い方法を使おうとする人もいます。ドアをぴしゃりと閉め、自分の部屋にこもって力まかせに枕をたたくことなどによって。エネルギーが消耗しつくすまで枕をたたき続ければ怒りは静まり、一時的な気晴らしになることもあるでしょう。消耗は怒りより受け入れやすいからです。しかし、怒りの原因は手つかずなので、条件がそろえばまた同様の怒りがぶり返してきます。ですから、〈気づき〉の観察によって怒りの源を見つめ理解することが、持続性のある効果的な唯一の方法なのです。

すでに確認したように、怒りが起こったときまず必要なのは、意識的な呼吸に戻り〈気づき〉によってそれを見守ることです。〈気づき〉を保つためには呼吸に集中します。怒りの原因と思う相手の言葉に耳を貸したり、その人に眼を向けることはやめましょう。私たちは怒っているときにかぎって、自らに立ち返って怒りを癒すことを忘れます。そして自分を怒らせた相手の大嫌いなところ――ぶしつけさ、不誠実さ、残酷さ、意地悪さばかりを考えようとするのです。そればかりを考え、それにまつわることのみを見聞きするうちに、怒りはますます燃え盛ります。相手の嫌な点については事実の場合もあるでしょうし、想像や考えすぎもあるかもしれません。

どちらにしても私たちは自分を怒らせた原因のみに心を奪われています。しかし本当は、自分のなかの怒りに問題の根があるのですから、何よりまずそこに立ち返って取り組むべきです。消防士にたとえれば、家に火をつけた張本人を探すことに時間を浪費するより、とにかくまず消火すべきなのです。「息を吸う、私は怒っている。息を吐く、私はまず自分の怒りの世話をする」。怒りが収まらないうちは、相手の言うことを聞いたり相手に眼を向けたり相手のことを考えたりしないこと、発言や行動も控えることです。怒りを観察し静める作業に専念するなら、後悔をもたらすような災厄を引き起こさずにすみます。

外に出て歩く瞑想を行うのもいいと思います。さわやかな空気、緑の木々や植物から大いに助けられるでしょう。歩きながらつぎのような偈《げ》を唱えることもできます。

息を吸う
怒りがまだここにある

息を吐く
怒りは私であり、〈気づき〉の心もまた私
息を吸う
怒りは不快
息を吐く
この感覚は生まれ、やがて消えていく
息を吸う
私はこの感覚を見守ることができる
息を吐く
この感覚を静める

母親が泣く子を抱きしめ精一杯の愛情と思いやりを注ぐように、〈気づき〉は感覚を抱擁します。ありたけの感情と思いをこめて世話をするなら、子どもは母の優しさを受け止め落ち着くでしょう。そんなふうにして心の働きも静めることができるのです。

怒りが引き起こした不快感を静めるには、呼吸と歩みとを組みあわせ、足の裏と地面の接触によく注意を注ぎながら、いっしんに歩く瞑想を行います。しばらくすれば怒りは静まり、心がしっかりと安定してくるはずです。そうすれば怒りとその本質を観察する用意が整います。

まず料理をしなければジャガイモは食べられません。鍋に水を注ぎ、ふたをして火をつける。熱を閉じこめておくふたは集中力です。話すこと聞くこと何をすることも止めて、呼吸にすべての意識を注いでください。鍋を火にかけると水はすぐに温まりはじめます。意識的な呼吸を続ければ、怒りが残っていても〈気づき〉（ジャガイモを熱する火）がそれに寄り添ってくれます。怒り（ジャガイモ）の変化はすでにはじまっています。三〇分後、ジャガイモはゆで上がり、怒りはすっかり変化しました。微笑みがやってきて、怒りの原因が理解できたあなたは、怒りのもとになった相手と顔をあわせる準備が整っています。

自分自身への無理解、そして不快な出来事を作り出した、直接的で根深い怒りの原因への無智から怒りは生まれます。貪欲、高慢、動揺、猜疑心も怒りの温床です。現実につぎつぎ起こってくる出来事に対するこの対処法は、私たちの心の混乱と理解の度合いを明らかに見せてくれます。怒りの第一の原因は自分にあります。周囲や相手は二の次に過ぎません。

地震や洪水による損害には我慢できても、同じ損害を人間が引き起こしたときには私たちはそれほど寛容になれず、怒りや憎しみを抱きがちです。しかし、地震や洪水に原因があると思えるなら、（長期的にしろ一時的にしろ）人から受ける損害にも何らかの理由があるとわかるでしょう。それにも眼を向け、理解しなければなりません。相手によって引き起こされた厄介ごとも、自然災害のうちだと考えてみましょう。その人は無智のゆえに欲望や憎しみのとらわれになり、私たちを苦しめているのだと。荒々しい口調でやり返し相手を敵にするならば、私たちもその人とやっていることは同じ、似たり寄ったりです。意識にも潜在意識にも怒りが存在しない状態を作り出すには、慈しみと思いやりの瞑想が必要になります。

エクササイズ 15

慈しみの瞑想

怒りがないとき、「自分の心には怒りがない」と気づく。すでに生じた怒りを放棄したとき、それに気づく。すでに放棄した怒りがそれから後にも生じないとき、それに気づく……。執着がないとき、「自分の心には執着がない」と気づく。憎しみがないとき、「自分の心には憎しみがない」と気づく。

ブッダは、「怒りの心が生まれたら、比丘は慈と悲の瞑想を行うか、怒りの感情をもたらした相手に対する平常心の瞑想を行うように」と、増支部の第一六一の経で教えています。慈しみの瞑想は、慈（慈しみ）と悲（思いやり）の心を養う瞑想法です。

慈は、人に安らぎと喜び、幸福を与えようとする心で、悲は、人の苦しみを取り去ろうとする心です。「慈は喜びを与える能力、悲は苦しみをやわらげる力」と言われるように、慈しみと思いやりによって私たちが生きるとき、身近な人だけでなくそのほかの人々にも、安らぎ、喜び、幸せがもたらされます。

だれにでも慈しみと思いやりの種があり、その善なるすばらしいエネルギーの源を育てていくことができます。慈と悲は、自分自身や愛する人に対して、所有欲、独占欲を押し付け、思いのままにして苦しめるような愛ではありません。慈と悲は、何ひとつ見返りを期待しない無条件の愛です。ですから、不安、倦怠、悲嘆に終わるようなことがないのです。

慈しみと思いやりの本質は、理解と他者の苦しみに気づく能力です。私たちは、人の肉体的、物質的、心理的な苦しみに共感できなければなりません。それには相手の「身になって」感じること、その人の身体、感覚、心の構造の「内側に入りこみ」、その苦しみを体験することです。よそごととして眺めているだけでは人の苦しみはわかりません。四念処経は、対象と一体になって観察するように教えています。身体において身体を、感覚において感覚を、思いの形成において思いの形成を観察するというのは、このことなのです。

人の苦しみに接するとすぐに、私たちのなかに思いやりの感情が生まれます。思いやりにはもともと他者と「ともに苦しむ」という意味があります。ここでの瞑想の役割は、人の苦しみを理解しようとしてよく見ることです。脚を組んで坐り、呼吸に集中し、〈気づき〉を働かせて相手を観察するならば、その苦しみに触れることができ、思いやりのエネルギーが心のなかから湧いてきます。

坐る瞑想に限らず、歩く、立つ、横たわる、腰かける、話す、体を動かしているときなど、いつでもこの瞑想は可能です。〈気づき〉の観察の光のなかで、相手の肉体や心の苦しみがありありと見えてくるはずです。

心に思いやりが生まれたら、それを育て表現する方法を見つけなければなりません。相手の言動を受け入れることが難しくても、面と向かったときには思いや行動を通して思いやりの気持ちを示してください。相手が謝るから、または憎めないからという理由で愛するのではないと、はっきりとわかるまでこの練習を繰り返しましょう。

そうするうちに、自分の思いやりがまぎれもなく本物であると確信でき、その心の変化がすばらしいしるしとして表われてくるのがわかります。①安らかな眠りが得られる。②悪夢を見なくなる。③目覚めているときもくつろいでいる。④不安や憂鬱感がなくなる。⑤すべての人、あらゆるものに守られている実感がある。

私たちの瞑想によって思いやりを受け取る相手にも、やがて恵みがもたらされるようになります。その人の苦しみはしだいにやわらぎ、その人生も徐々に輝きを増し喜びで満たされていくでしょう。

思いやりの瞑想に取りかかるときには、最初に肉体的、物理的な苦しみを味わっている、体が弱くて病気がちな人、貧しく抑圧されている人、だれからも助けのない人などからはじめてみてください。このような苦しみは思い描きやすいからです。坐って瞑想しながら、またはその現場に身を置きながら、深く観察します。相手の苦しみにしっかりとつながろうとするならば、十分時間をかけなければなりません。思いやりの心が起こり、その心の特質が自分の身心のすみずみに行き渡るまでよく見てください。

思いやりはやがて観察する相手を包みこみます。深く見つめ続けることによって、思いやりの心は自ずから行動へと変わっていきます。「深く愛している」というだけではなく、「その人の苦しみをやわらげるために行動を起こそう」というように。思いやりの心は、実際に苦しみを取り去る力を得て、はじめて存在するといえるのです。

そうしてようやく、さらに見分けることの困難な苦しみに触れていくことができます。ときにはまったく苦しんでいるように見えない人もいますが、目につかないところにその悲しみのしるしがうかがえるでしょう。物質的にはこれ以上ないというほど恵まれている人でも、苦しみからは逃れられず、ときには自殺に至ることさえあるのです。多少でも苦しみをもたない人などいません。

私たちを苦しめる人自身がまぎれもなく苦しんでいます。それについても、ひたすら坐って呼吸に集中し、深く観察することで、相手の苦しみが自ずから現われてきます。

両親の育て方が未熟だったのでその人が苦しみを背負いこむことになった、というような事情が見えてくるかもしれません。しかし、その両親もまた、育ての親の犠牲者なのでしょう。苦しみが世代から世代へと受け継がれ、あげくにその人のなかで息を吹き返したのです。それが見えたとき、相手も犠牲者のひとりだということがわかり、自分を苦しめた罪を問うことはなくなります。深く観察すれば理解が生まれます。理解できれば、思いやりの心で相手を包みこむことは難しくありません。

自分の苦しみの原因となった相手の苦しみを深く見つめること、それはすばらしい天の賜物です。この観察のおかげで人のもつ苦しみがはじめてわかるのですから。その人は、私たちを苦しめることで自分の苦痛がやわらぐと思っているのかもしれません。その人の苦しみに触れることができたとき、私たちの心から相手への敵意や恨みが消え去り、代わりに楽になってほしいという願いが生まれます。

思いやりの心から湧き出た水で、最初に清められるのは私たち自身です。そこから清々しさと軽やかさを感じ、私たちは微笑むことができるようになります。仲直りはふたりいなくても可能です。深く見つめることによって、自分自身との和解が起こります。そうすれば、自分にとってもう問題は存在しません。相手は遅かれ早かれ私たちの変化に気づき、だれの心にも本来あるはずの、爽やかな慈しみの清流にともに身を浸すようになるでしょう。

思いやりの瞑想の恵みを経験すれば、慈しみの瞑想はいっそう楽にできるようになります。思いやりの場合と同じく、慈しみは、何より先に瞑想をする人自身に安らぎ、喜び、幸福をもたらします。自分が安らぎや喜びを感じていないのに、人と安らぎや喜びをともにすることはできません。だからこそ思いやりの瞑想と慈しみの瞑想は、それを行う私たちと相手、双方の恵みとなるのです。

相手の苦しみをやわらげるときには、それと一緒に幸福も届けています。人生は苦かもしれませんが、すばらしいこともたくさんあります。明け方の空、中秋の名月、レンギョウの茂み、紫竹、澄んだ水の流れ、そしてかわいらしい子ども。自分の苦しみばかりに眼を奪われていたら、そんなすばらしい物事に触れる機会を逃してしまいます。自らの言葉と行動で絡みあった苦しみを解き、喜びに満ちた人生を創り上げていくこともできません。

〈気づき〉の観察は、理解の樹を育てる養分です。慈しみと思いやりはそこに開くもっとも美しい花です。慈しみの心に気づいたなら、〈気づき〉の観察をそれまでしてきた相手に向かって直接働きかけるべきです。慈しみはたんなる想像の産物ではなく、現実の世界に働きかけるエネルギー源なのですから。

ブッダは、瞑想を通じて慈しみと思いやりの心を四方に広げ、あらゆる種の生き物たちを抱擁しなさいと教えています。気をつけたいのは、坐ったままで慈しみと思いやりの心が空間に音波や光のように広がっていく、そうした光景を思い描くことがこの瞑想ではないということです。

たしかに、音や光はどこまでも到達しますし、慈しみと思いやりはそれらと同じ性質をもっています。しかし、慈しみや思いやりが想像の産物に過ぎないとしたら、それらは雲のようにつかみどころがなく、現実を変えることはできないでしょう（真っ白な雲がゆっくりと形を現わし、徐々に広がり世界全体を包んでいくようなイメージです）。本物の雲は雨を降らせます。日々の生活のなかで、そして（瞑想する対象や）人やあらゆる生き物との現実的な交流を通じてはじめて、私たちには慈しみや思いやりの心があるか、それはしっかりと根づいているかどうかを知ることができるのです。

慈しみと思いやりが本物なら、それらは毎日の生活に現われ、人との会話やふだんの行動に見てとれるはずです。瞑想で坐る場所だけが、慈しみと思いやりの水が湧き出す唯一の場所とは限りません。

社会的な影響力やお金がなければ、慈しみや思いやりを発揮できないと考える人は少なくありません。しかし、富や影響力なしでも、多くの人の苦しみをやわらげ幸福をもたらすことはできます。慈しみと思いやりの源は、本当は私たちのなかにあるのですから。

ひとつの言葉、一回の行動、ひとつの思いが人の苦しみを軽くし、喜びを生むこともあります。そのひと言が慰めや自信を与え、疑いを晴らし、相手の過ちを防ぎ、いざこざを和解させ、解放への扉を開いて成就と幸福への道を示す可能性をもっています。一回の行動が人のいのちを救い、めったにない機会をつかむ助け舟になることもあります。意志は言葉や行動につながるゆえに、ひとつの意志にも同じことが言えるでしょう。

心に慈しみと思いやりがあれば、一つひとつの意志、言葉、行動が奇跡を生みます。理解こそ慈しみと思いやりのもっとも大切な基礎ですから、慈しみと思いやりから生まれた言葉と行動は、現実を変える力になります。人を助けようと望むなら、相手を傷つけるだけの愛情を避けるにはどうすべきかわかります。愛とは理解そのもののこと、これをつねに心にとめておいてください。

心の対象を観察する

エクササイズ 16

現象の識別*（択法《ちゃくほう》）

心に目覚めの一要因である現象（法《ダルマ》）の識別力があるとき「自分の心には現象の識別力がある」と気づく。心にまだ生まれたことのない現象の識別力が生まれつつあるとき、またはすでに生まれた現象の識別力が成就したとき、それに気づく。

無智や思いこみとは、物事を誤ってとらえることです。そうした曲解をただすために、ブッダは心の確立と心の対象の確立にかかわる、対象を識別する方法を教えています。

心の対象も法《ダルマ》（存在を思い描けるすべての現象）とよばれ、それには六つの感覚器官（六根《ろっこん》）、六つの感覚の対象（六境《ろっきょう》）、六つの感覚意識（六識《ろくしき》）が含まれます。六根とは眼、耳、鼻、舌、身体、心。六境とは形や色、音、匂い、味、触覚の対象、心の対象（あらゆる概念や記憶と心的経験の領域に入るものすべて）です。六識は眼の意識（視覚）、耳の意識（聴覚）、鼻の意識（嗅覚）、舌の意識（味覚）、身体の意識（触覚）、そして心的意識をさします。

*――原文は、discriminative investigation で、違いを探究することであるが、その内容は、対象とするすべての現象（法）を見分けていくことなので、現象の識別と訳した。

すべての法は、心理、生理、物理的な側面を網羅した、これら十八の領域（十八界、ダートゥ）のなかに含まれています。十八界はさらに思いの形成を加えて、心の対象ともよばれます。心が心を観察するときには、心自体が心の対象になるのです。

すべての法《ダルマ》は、基本的に相互依存的生起（縁起）という性質をもっています。諸法は残らずこの相互依存の法則によって生まれ、存続し、消滅していきます。中部経典（マジマ・ニカーヤ）には、「それがあるのでこれが存在する、それがないのでこれが存在しない。それが生まれるのでこれが生まれる。それが消滅するのでこれが消滅する」と書かれています。きわめて単純に見えて、仏教の説く縁起の法則には、はかり知れない深みがあります。

その教えによれば、他からはなれて単独で生まれ、存続し、消滅する法はありません。ひとつの法の誕生は、他の法の誕生、存続、消滅に、すなわちすべての法に依存しています。法は他から離れて存在しません。本質的に分離や孤立がないのです。

私たちは日頃、物事はそれぞれ独立した実在であると見ることに慣れていま す。目の前の枝に一枚の葉があるとします。その葉は、木の他の部分の葉や枝、幹、根などから離れて存在し、さらに雲や水や大地や空とも無関係だと思えるかもしれません。しかし、じつは、私たちが別物だと考えているすべての物事がなければ、一枚の葉がここにあることはできないのです。

その葉は、同じ木の他の葉や枝、幹、根、それから雲、川、大地、空、さらに太陽の光とひとつです。そのうちのひとつでも欠けたなら、一枚の葉は存在しません。一枚の葉を深く見つめれば、他のすべてがそこにあることがわかるでしょう。葉と他のすべてはともに存在しています。

これが「ひとつはすべて、すべてはひとつ」という、相互存在と相互浸透という仏教の縁起の法則をあますところなく説く華厳経の教えです。別々に離れて存在するものはありません。物事はお互いの内に存在しあい、かかわりあっています。「それがあるから、これがある」というブッダの言葉通りに。

集中力があれば、この法則の光のもとに、あらゆる存在のありのままの本質が眼に映ってきます。自分や周囲の人々の思考、言語、感覚はもちろん、この世のすべての出来事を縁起の光によって見つめてください。

現象の識別は、具体的には、諸法を六根、六境、六識、つまり十八界に分類することからはじまります。この十八界を、色《しき》、受《じゅ》、想《そう》、行《ぎょう》、識《しき》の五蘊《ごうん》で分類することも可能です。「色」とは、生理的・物理的な現象のすべてです。「受」は、快・不快・中性という感覚。「想」は、基本的な概念化作用と意味づけ。「行」は、心のなかに生まれ形をとる心理状態。「識」は、すべての種子（原因）を育み、認識し、比較し、貯蔵し、想起する機能をさします。論*（アビダルマ）の基礎や仏教の法相派の教えは、この五分野の基本的な性質とその作用をすみずみまで詳細に解説しています。

般若波羅蜜多心経《はんにゃはらみたしんぎょう》**には、観世音菩薩は五蘊をよく観察し、法のすべてが縁起によって成り立っていると見極め（照《しょう》見《けん》五《ご》蘊《うん》皆《かい》空《くう》）、その本質は生じることも滅することもない（不《ふ》生《しょう》不《ふ》滅《めつ》）と悟り、生死の恐れを超越したと書かれています（無《む》有《う》恐《く》怖《ふ》、究《く》竟《きょう》涅《ね》槃《はん》）。

この経文にはまた、諸法は本質的に空である（是《ぜ》諸《しょ》法《ほう》空《くう》相《そう》）とありますが、空とは相互依存（縁起）のことです。すべては依存しあうことで生じ、続いていくことができます。つまり、ひとつの法が他の法と無関係に存在することはできないという真実を、法の本質は空であると表現しているのです。どんなものも単独で存在することは不可能です。

現象の識別によって、すべての存在がかかわりあっている真実が見えてきま

---

*――ブッダの教え（ダルマ）に対する研究（アビ）のことで、「論」と訳される。ブッダ入滅後に分かれた各部派によって独自の研究書が編纂され、それらを集めたものが論蔵。

**――大般若経六百巻を二百六十七文字に凝縮した、般若心経として日本でもっとも読まれている経のひとつ。「智慧を凝縮した経」という意味で、「すべてを自在に見抜く菩薩が智慧の眼で深く観たときに」という言葉ではじまり、その悟りの内容が続く。

す。つまり、すべては空であるという気づきです。空を深く洞察していけば、ある／ない、生まれる／死ぬ、ひとつ／たくさん、来る／去るなどの概念を超越し、やがて誕生と死の恐れを克服することができるでしょう。相互依存こそすべてのものの本質であることを実体験したときに、ある／ない、生まれる／死ぬ、ひとつ／たくさん、来る／去るなどの概念は消滅します。違いの探究で一番大切なのは、誕生と死の概念に終止符を打てるかどうかです。

在俗の弟子アナータピンディカが亡くなる数日前、ブッダはシャーリプートラ*尊者とアーナンダ尊者を遣わして、瞑想の手ほどきをさせました。死の床にある彼のかたわらに座り、シャーリプートラは話しかけます。

「アナータピンディカよ、このように心で唱え観察しなさい。『この両目は私ではない。私はこの目に執着しない』」

アナータピンディカは、この言葉通りに呼吸しながら瞑想をはじめました。

シャーリプートラはさらに続けます。

「この耳、鼻、舌、身体、心は私ではない。私はそれらを通じて受けとる形、音、匂い、味、触覚、思考に執着しない」

アナータピンディカは瞑想を続け、あらゆる存在の相互依存の本質をしだいに理解し、自分は十八界（六根、六境、六識）に縛られてはいない、人をこの世にもたらす誕生はなく、存在から非存在へと連れ去る死もないと悟っていきました。

こうして十分に瞑想が深まったとき、彼は泣き出し、涙がその頬を流れ落ちました。アーナンダは「なぜ泣くのだ？　思い残したことがあるのか、それとも瞑想に失敗したのか」とたずねました。

「アーナンダ尊者、思い残すことなどありません。瞑想はすばらしかった。こ

＊——般若心経のなかで、ブッダに「舎利子」と呼びかけられている、十大弟子のひとり。智慧第一とされ、ブッダの信頼も厚かった。

れは感動の涙です。私は長年世尊と弟子の方々にお仕えできてたいへん幸せでした。それでも今日シャーリプートラ尊者から授かったほど、深遠ですばらしく尊い教えは知りませんでした」とアナータピンディカは答えました。

「アナータピンディカよ、世尊はいつでも比丘や比丘尼にこの教えを授けておられたのだが、それをご存知なかったのか？」アーナンダが聞きます。

「アーナンダ尊者、私のような在俗の信者さえ、このようなすばらしい教えを聴く光栄に浴せたと世尊にお伝えください。このすばらしく深遠な教えをよく聴き、理解し、実行する心の余裕のない者たちがいますが、すばらしく深遠な教えをよく聴き、理解し、実行する心をもっている者たちも世間にはいるのです」

アナータピンディカのこのエピソードは、あらゆるものの縁起と空の本質を入念に観察するこの瞑想が、僧や尼僧に限らずだれにでもできるということを語っています。世俗の暮らしというものは、仏教の教えの真髄を味わうことが不可能なほど忙しいものではありません。

四念処経には、無常・縁起・無我についての自覚があり、正しい見方（正見《しょうけん》）が定まっているという、無智や混乱のない心の状態についても書かれています。正見は、八正道とよばれる八種類の修行法のなかのひとつです。

悟りの七つの要因（七覚支《しちかくし》）のひとつである心の対象への〈気づき〉の教えの項では、法《ダルマ》の探究について書かれています。

法の探究とは、物理的・心理的な現象の起因と本質をくまなく調べ上げていくことです。これには現象の識別と似通った意味があり、それと同様に、法そのものの起因と本質を観察することを意図しています。諸法の起因と本質への理解を極めたとき、心のなかに無智と混乱はなくなっているでしょう。

これまで述べてきた四念処経の十五の瞑想法のすべてが、多少なりとも諸法の起因を入念に観察する働きをもっています。その特徴をもっともよく表わしているのは、「エクササイズ8　身体とすべての存在とのかかわり」の、身体との世に存在するすべてのもの（地・水・火・風）との相互依存の観察、そして「エクササイズ12　感覚の源を見つめ、中性の感覚を確認する」の、自らの感覚に対する起因と本質の観察です。

坐る瞑想では、心を観察する対象（物理的または心理的な現象）に集中します。そして対象を深く観察することで、その起因と本質を見出そうとします。

対象への集中力を養い維持する役割を担うのは、意識的な呼吸です。注意深くよく見ていけば、観察しているものの誕生、存続、消滅のすべてが、その他のさまざまな現象に依存していることが、ひとりでにわかってくるでしょう。やがて、すべての法には本質的に誕生も死も存在しないこと、法は永久不変ではなく、しかも完全に消滅することもないことが見えてきます。

縁起の入念な観察は、誕生と死の限界を超えていけるよう私たちを導く道です。仏教を学んでいても、縁起を深く観察する瞑想に取り組まなければ、真実の教えの王道を歩んでいるとはいえません。

エクササイズ 17

心の固まり*を観察する

自分の眼（耳、鼻、舌、身体、心）に気づき、形（音、匂い、味、触覚、心の対象）に気づく。そしてこの両者によって作られる心の固まりに気づく。新たな心の固まりの生起に気づき、すでに作られた心の固まりの放棄に気づく。そしてすでに放棄された心の固まりがその後も起こらないことに気づく。

*――五蘊のうちのひとつの行（ぎょう）のこと。原文は mental formation で、経文部分では「思いの形成」と訳した。この項では、同じ心の固まりのことを knots とも表現している。

六根と六境の観察を説明する経文のこのくだりには、「心の固まり（思いの形成）」という言葉が見られます。これはサンスクリット語でサムヨジャーナといい、「結び目」「束縛」「塊」「束ねてひとつにすること」と訳すこともできます。

これはふたつに分類されます。まず五つの鈍い固まり（五鈍使《ごどんし》）は、混乱、欲、怒り、高慢、疑いです。五つの鋭い固まり（五利使《ごりし》）は、肉体と自己との同一視、極端な見方、誤った見方、歪んだ見方、迷信（不必要な慣習的禁忌など）にとらわれた見方をさします。こちらの方が解けやすい固まりです。

目が形をとらえ、耳が音を聞き、鼻が香りをかぎ、舌がものを味わい、体が何かに触れ、心が対象を認知するとき、そこから生じる印象の受け止め方しだいで、心に固まりができることもあればできないこともあります。思いやりのない言葉をぶつけられたとしても、その原因を理解して真に受けなければ、まったくいらだつことなく固まりもできません。

もし、その原因がわからず腹が立つようなら、固まりが作られます。その実態は憎しみです。相手の言葉や行動を誤解することで生まれる固まりは混乱です。そこにはしばしばイライラや傲慢さ、執着、疑いがともないます。混乱という固まり——はっきりした認識の欠如や無智は、他のすべての固まりを生み出すもとになります。

心にできる固まりにまつわる感覚は通常、不快なものですが、なかには心地よさをともなうものもあります。形、音、香り、味、触覚、心の対象などへの執着は、欲求という性格をもつ固まりとなります。はじめのうちは、それが気持ちよく感じられるかもしれません。しかし、その快感にしがみつけば逆に束縛を受け、欲求が満たされないとそれは不快感に変わります。

ぶどう酒、タバコ、阿片にはじまり、見かけの美しさ、おいしい食べ物、音楽、賞賛の言葉まで、どれもが固まり——思いの形成を作り出す可能性がありますが、最初それらは気持ちよさではじまります。しかし、いったん固まりができると、人はそれにがんじがらめになり、繰り返し快感を得るために、快感をもたらすものを何度でも求めざるを得なくなるのです。

人が恋に落ちることも、そこに強い執着の要素がともなうかぎり、やはり心の固まりになります。「落ちる」という言葉に、すでに穏やかならざる響きがあります。恋を病になぞらえた、恋わずらいという言葉もよく耳にしますし、クー・ド・フードル（稲妻に打たれる）というフランス語は、恋することを鋭い一撃として表わしています。

作家のグエン・ビン*は、「ああ、神のみが恋に落ちたものを救い得る」と言っています。それでも、恋の強い執着や身勝手さ、支配欲が理解の心に置き換われば、人は要求をしたり見返りを期待することをやめ、恋愛は愛する人を幸福にするものに変わります。このような変化によって、心の固まりも解けていきます。

悲しみの感情もまた、混乱、欲求、憎悪、高慢、疑いから生まれる固まりのひとつです。そうした苦しみの原因が変化しなければ、悲しみの感情は心にそのままの形で残ります。

日々の生活のなかで、私たちの意識には人が関係しているかどうかにかかわらず、悲しみの種が蒔かれています。もし、心に固まりができるようなことを言われたりされたりしても、私たちが理解、寛容、慈しみ、思いやりの種を芽吹かせるなら、どんな言動も固まりを作ることはできません。何ごとも、日常の出来事に対する私たちの受け取り方しだいです。安定しくつろいだ心で、理解と慈しみ、思いやりをもち、利己心の罠に陥らなければ、どんなことをされても言われても、それが心に固まりができる力にはならないのです。

四念処経の教えにそって生活するようになると、心の固まりの誕生、持続、変化を注意深く観察する習慣が身につきます。ふだんから気づきを十分に働かせ、心に固まりが生まれたら、すぐそれに気づいて変化させる方法を見つけま

*――ヴェトナムの黎朝を代表する文学者の一人。道教と仏教を信奉し、反骨的な詩を多く書いた。一四九一〜一五八五年。

しょう。

固まりが頑固になるままに放置すれば、そのうち私たちはそれに支配されて、ひどい骨折りなしにはほどけなくなります。憎しみ、欲求、疑いなどの固まりは、生じたらすぐに十分な意識を向けましょう。そうすれば、それらは変化していくはずです。できたての固まりはまだかなり「ゆるい」ので、それを「解く」作業もたやすいのですから。

だれかと暮らしをともにするなら、お互いがすでに作ってしまった心の固まりを解くことができるよう助けあう必要があります。理解と慈しみに満ちた言葉を心がければ、お互いに大きな助けになるでしょう。

幸福はあなたひとりの問題ではありません。相手が幸せでなければあなたも幸せにはなれません。つまり、相手の心のなかの固まりを解くことが、自分を幸せにすることになるのです。妻が夫の心に固まりを作り、夫も妻に同じことをしている場合、お互いにその固まりの作りあいを止めずにいたら、いつしか幸せの種はすっかり尽きてしまいます。

妻の心に固まりができたらすぐに、彼女はそれが生まれたことに気づくべきです。無視してはいけません。じっくり時間をかけて観察し、夫の助けを借りてそれを解いていくのです。「あのね、心にわだかまりがあるの。助けてもらえないかしら」、こんなふうに話してみることもできるでしょう。ふたりの心がまだ軽く、固まりが幾重にも絡んでいなければ難しくないはずです。

これまで見てきたように、無智や混乱が心の固まりを作ります。それが出来上がっていくときに現われる無智に気づけば、固まりはたやすく解けます。「エクササイズ12　感覚の源を見つめ、中性の感覚を確認する」「エクササイズ14　怒りを観察する」「エクササイズ15　慈しみの瞑想」で見てきたように、相互依存と幾重にもかさなる因果の法則を知っていれば、自分の心の根源とその性質が理解でき、不快な精神状態を変化させ克服していくことができます。〈気づき〉の観察はすべての対象（法《ダルマ》）を見つめ、その本質を明らかにします。心の固まりが解けるのは、この洞察の結果にほかならないのです。

エクササイズ 18

抑圧された心の固まりを解く

自分の眼（耳、鼻、舌、身体、心）に気づき、形（音、匂い、味、触覚、心の対象）に気づく。そしてこの両者によって作られる心の固まりに気づく。新たな心の固まりの生起に気づき、すでに作られた心の固まりの放棄に気づく。そしてすでに放棄された心の固まりがその後も起こらないことに気づく。（エクササイズの17と同様の箇所からの引用――訳者註）

これは、心のなかに埋めこまれ、抑圧された固まりに意識を向け、それを解いていく瞑想です。

私たちの潜在意識のなかには、欲求、怒り、恐れ、無気力、後悔などが、さまざまな固まりとなって長い間押しこめられています。それらは抑圧されながらも、感情、思考、言葉、行動などによって外に出る機会をつねにうかがっています。

感情の形をとって意識上に現われたとき、固まりを見て取ることは容易です。しかし、抑圧されると、固まりは意識のなかにそのままの姿ではっきりとは姿を現わさず、ぼんやりと垣間見えるだけです。それゆえ、見えないところで縛られ苦しめられ続けても、私たちはその存在に気づきません。

では何が、心の固まりを抑圧し、覆い隠しているのでしょうか。それは私たち自身の意識、とりわけ理性的思考です。自分の欲求や怒りを社会や理性は受け入れない、私たちはそう思いこんでいます。そこで抑圧の手段を見つけ、それらを忘れ去るために意識の彼方へと押しやります。これは、忘却〈ムシタ・スムリティ）とよばれる心の固まりの働きです。現代心理学ではこれを「抑圧」と解釈しています。

苦痛を避けるために、精神的苦しみや葛藤や受け入れられない欲求を無意識下へと押しこみ、安心感に変えようとする、心理的自己防衛のしくみが人間にはあります。しかし、積もった抑圧は、社会的には受け入れられない言葉や表現、行為などの形で飛び出そうと、つねに機会をうかがっているのです。のちにそれが肉体的・精神的な疾患として現われてくる場合もあります。心の固まりがあまりにも頑固な場合、自分の言葉や思考、行動が害になると知りながらどうすることもできません。

ある女性を例に考えてみましょう。彼女はパートナーと一緒になり、社会に出て、自分らしい生き方をしたいと望んでいます。しかし一方で、ともに暮らしている母親をひとり残していく気にはなれません。母親を理解し愛しているのに、彼女から独立して愛する人と一緒に暮らすことも望んでいます。じつは母親は病気を抱えており、人の手を必要としているので、ひとりきりにするのはあまりにも酷です。

この相反する欲求と感情が、女性の心に葛藤を作り出します。そこに心の自己防衛が働いて、葛藤から来る苦しみを無意識のうちに封じこめ、母親の介抱に身を捧げるよう自分に言い聞かせるのです。とはいえ結婚願望自体がなくなったわけではなく、心理的葛藤は心の固まりとなり、外に出ようと待ち構えています。そのうち彼女は怒りっぽくなり、自分でも訳のわからないことを口走り、不可解な夢を見たりするようになりました。彼女が不機嫌だと母親も楽しい気持ちにはなれません。

一方で母親は、娘が結婚し自分が置き去りにされるのでは、という恐れに長年さいなまれてきました。そんな心理状態が引き金となり、知らぬ間に突然病気にかかって衰弱しはじめたのです。ですから娘から結婚はしないと聞いたとき、ほっとしながらも、心の奥ではわが子が望み通りに生きられないという思いで苦しみました。

こうした葛藤から生じた心の固まりは母親を苦しめ、娘と同じようにイライラしはじめ、自分でも訳のわからないことを口走ります。やがて不可解な夢を見、無自覚な振る舞いをするようになりました。そうして母娘ともに幸せになるどころか、苦しみ続けることになってしまったのです。

心の固まりが抑圧されてできた悲しみを癒すには、その固まりを深く観察することです。見るためには、まず対象を意識の領域に引き出さなくてはなりません。四念処経では、意識的な呼吸法によって、とくにまわりの物事への自動的な反応として生じる感情、思考、言葉、行動を認識します。そのような反応は、心に隠された固まりが原因になっているのかもしれません。

感情、思考、行動にしっかり気づきを向けながら、自分に問いかけてみましょう。人の口からあの言葉が出ると、なぜ不愉快になるのだろう。あの女性を見ると必ず母親のことを思い出すのはなぜだろう。どうしてあんなことを彼に口走ってしまったのだろう。映画のなかのあの配役に嫌悪感を抱くのはなぜだろう。この人に似ただれかをかつて憎んだことがあったろうか。こうした問いかけによって、私たちは自分の感情、思考、言葉、行動の原因を突き止め、心のなかに隠されていた固まりをしだいに意識の領域へと引き出すことができます。

坐る瞑想では、知覚が入ってくる扉を閉め切って、聴覚、視覚、論理的思考を止めてしまうので、心に埋もれている固まりは、感情やイメージという形で意識上に現われる機会が与えられます。はじめは原因不明の不安や恐れ、不快などを感じるだけかもしれません。〈気づき〉の光をあてることで、そうした感情を見つめる準備を整えましょう。

感情がその顔を見せはじめ、力を増し、さらに激しくなってくると、心の安らぎや喜び、安心が根こそぎ奪われてしまうように感じます。すると、それ以上見つめることが苦痛になってきます。意識を向ける対象を他にそらしたくなったり、続ける気が失せたり、眠気がするからまた今度にしよう、別の機会にしたほうがいいなどと言い出します。現代心理学ではこれを抵抗とよびます。私たちは、埋もれた苦痛を意識化することを内心恐れています。そうすることで苦しむだろうと思うからです。

一日に何時間坐って瞑想していても、苦痛をしっかりと見つめ、それを意識化しようとしない人もあります。そうした感情など取るに足らぬと自分を欺き、意識を他の瞑想の対象――無常、無我、隻手《せきしゅ》の声の公案*、達磨大師**が西域を訪れた理由――などに移すのです。それが無価値だというわけではありません。それらを本物の瞑想の主題にするためには、自分自身の偽りのない問題に照らして深く観るべきなのです。

仏教で〈気づき〉の瞑想をするのは、感情を抑圧するためではありません。瞑想を通して感情の世話をし、慈しみと非暴力の姿勢でそれを見守るためです。つねに〈気づき〉を携えていれば、感情や心の葛藤に流されたり、飲みこまれたりすることはありません。意識的な呼吸で〈気づき〉を培い、保ちながら、心に固まりや葛藤が生まれるたびそれらを意識してください。母親が子どもを両腕に抱くように、愛情をこめて迎え入れるのです。

「ここに〈気づき〉の心がある。私には、心の固まりに触れる強さが十分にある」。こうして用意が整えば、固まりは心に感情やイメージの形で浮かび上がってくるので、それを深く見つめ、あますところなくじっくりと確かめることができるようになります。

感情やイメージが浮かんできたら、自分の見解や非難、批判を押しつけないで、どこからそれは来るのか、その本質は何か、ひたすら観察して確認し受け

*――江戸時代の禅僧白隠が考え出した、弟子に対する修行の課題のひとつ。「片手を打ち合わせるときどんな音がするか?」という問い。

**――中国禅の開祖で、五〜六世紀、南インドの王国で第三王子として生まれ、仏教僧となってから中国に渡った。洛陽郊外の嵩山少林寺にて九年間坐りつづけたとされている。

入れましょう。心に苦痛があるならその苦痛を感じ、悲しみがあるなら悲しむ。怒りがあるときには怒りますが、そこには〈気づき〉が寄り添っています。苦痛や悲しみ、怒りのなかに自分を見失うことなく、その感情を静めてください。心の固まりが生まれた原因がわからなくても、〈気づき〉によって苦痛や悲しみや怒りを迎えるだけで、固まりはある程度ほぐれてきます。たゆみなく観察を続ければ、その原因を見つけ出し、変えていくこともできます。

感情とじかにつながり、それを導いて意識に上らせる四念処経の説く方法には、めざましい効果があります。指導者や瞑想の仲間の助けがあれば、手ごわい固まりにも取り組んでいくことができます。彼らは念入りな観察によって、意識の奥深くに埋もれた固まりが現われてきたときに、それを指摘してくれるのです。

ブッダは存命中、医の王と讃えられ、マガダ国のアジャータシャトル王*をはじめ、多くの者の悩みの解決に手を差し伸べました。〈気づき〉の観察を行えば、自他をともに助けることのできる、仏教の心の固まりへの取り組み方が身に備わります。

多くの人は〈気づき〉の瞑想を行うこともなく、心の固まりを解く方法も知らずに生きているので、その固まりはやがて頑固になり、動揺、不安、抑うつに姿を変え、社会から受け入れられないような言葉や行動になって現われます。心にかたくなな固まりをもつ人は、人間関係や他者との協調に困難をおぼえ、自分は社会ではうまくやっていけない人間なのだという思いを強めます。そうした固まりが増えるごとに問題行動も加速していき、あまりに大きな抑圧のせいで仕事を続けられなくなったり、結婚生活が破綻する恐れさえあるのです。

一瞬一瞬をいかに目覚めて生きるかを知れば、今ここで自分の感情や知覚に何が起こっているか気づくことができ、意識に固まりが生じても、それが解け

*——紀元前五世紀初頭、父ビンビサーラを殺して王位を得たマガダ国の王。その罪を悔いてブッダに帰依する。ブッダ入滅後には教団を守護し、仏典編集にも大きな貢献をした。

ないほど頑固になることはありません。感情の観察の仕方を身につければ、心のなかに長年存在してきた固まりの原因を突き止め、それを解いていくことができるのです。

エクササイズ 19 罪悪感と怖れを克服する

心に動揺や後悔があるとき「自分の心には動揺や後悔がある」と気づき、動揺や後悔がないとき「自分の心には動揺や後悔がない」と気づく。動揺や後悔が生じはじめたとき、それに気づく。すでに生じた動揺や後悔を放棄したとき、それに気づく。すでに放棄した動揺や後悔がそれから後にも生じないとき、それに気づく。

仏教では、自責感または後悔を、害にも益にもなり得る心の働きとして見ます。自分が起こした過ちを認め、これから先同じ失敗は繰り返さないと決意するとき、後悔は健全な心の固まりといえるでしょう。しかし、それが罪悪感となってしつこくつきまとうようなら、瞑想の妨げになります。

だれもが過去に過ちを犯しています。しかし、その過ちを消し去ることは可能です。過去は過ぎたのだから、そこへ戻って過ちを修正することはできないと思いますか。現在は過去によって作られています。今この場で〈気づき〉の瞑想を行えば、私たちはそのまま過去につながることができるのです。

現在を変えれば過去は変化します。先祖、両親、兄弟姉妹は私たちとしっかり結びついています。その人たちの苦しみ喜びが私たちの苦しみ喜びとつながっているように、私たちの苦楽も彼らの苦楽につながっています。私たちが変われば彼らも変わります。私たちの解放、安らぎ、喜びは、先祖や両親の解放、安らぎ、喜びです。今この瞬間を意識し、現在を変化させるこの類のない瞑想は、愛する人たちに安らぎ、喜び、解放をもたらし、過去に負った傷も癒すことができるのです。

仏教の懺悔は、過ちは心が作り出すという事実に立っています。それゆえ過ちは心によって消去できるのです。今この瞬間にいのちを抱きしめ、自分を変えることができれば、自分ばかりでなくすべての人に喜びを与えられます。こうして変わることができれば、現在から未来までが真の喜びと安らぎで満たされることでしょう。

これは、よくなるかもしれないというようなあてのない約束ではありません。呼吸に集中し〈気づき〉の心で生きれば、自分にとってもだれにとっても、この瞬間が喜びと幸福に満たされます。罪悪感は克服され、そうした感情から力を奪われることはなくなるのです。

たとえば、不注意から子どもを死なせてしまった人が抱き続ける罪悪感は、非常に強烈です。しかし、その人が〈気づき〉の瞑想に打ちこみ、今この瞬間にしっかりとつながり、そのときどきにすべきこと、すべきでないことがわかるようになれば、大勢の子どものいのちを救えるようになります。

医療を受けられずにいのちを落とす子どもたちがたくさんいます。事故によって、または適切な保護や見守りを受けられずに死ぬ子どもも少なくありません。その人は閉じこもって自分を後悔の鎖に縛りつけたまま緩慢な死を迎えるよりも、死のうとする子どもたちを救う働きができるのです。

恐れも、多くの人の心を支配する心の固まりです。恐れは無智から、つまり私たちの本性は「無我」であると知らないことから生まれます。自分や親しい人たちに何かあったらという心配や恐れはだれもがもって当たり前ですが、ときに人は、そういった心配や恐れに支配されてしまいます。

大乗仏教の観世音菩薩は、あらゆる恐れを克服した存在として描かれています。菩薩は深い〈気づき〉の観察によって、あらゆる現象の不生不滅・不増不滅の本性を見抜き、無畏《むい》（恐れないこと）という賜物を生きとし生けるものに授けます。般若心経は恐れのない心を強く勧めています。すべてのものの本質は縁起と無我である、それを深く観察すれば誕生も死もないことがわかり、あらゆる恐れは克服していけるのです。

すべての存在はつねに変化している（無常）ゆえに、いつ自分や愛する人たちの身に病気や事故が起こっても不思議ではありません。私たちはこの現実を受け入れる以外にないのです。一瞬一瞬〈気づき〉を働かせて生き、まわりの人々と誠実にかかわっていけば、たとえ自分のいのちに危険がおよぼうとも恐れや後悔はないでしょう。

いのちには誕生と死の両極がつきものだとわかっていれば、母なる地球がひとたびいのちを与えてくれたのなら、何百回でも何千回でも生き返らせてくれると思えるのです。やがて彼女がその腕を伸ばし、私たちをその懐へと迎え入れる時が来ても、恐れ苦しむことはありません。目覚めていれば、誕生と死の流れに身をまかせてゆったりとしていられるのです。

幼少時あまりにたくさんの固まりを心に作られたゆえに、不安感にとらえられたままの人たちもいます。それは親が脅かしたり、罪悪感を植えつけたり、干渉したりしたからかもしれません。そうした人たちの心を守るいちばん効果的な方法は、五つの〈気づき〉の訓練*を守り、それを実行に移すことです。

この訓練を実践することで、自分と周囲との間のバランスが回復できます。これを生活に取り入れ守っていけば、過去の傷は癒され、まわりの社会の現在と将来にもさらに良い影響がおよぶでしょう。

〈気づき〉の瞑想によって六つの感覚（六根）を見守り、心を今ここに定め、

*――ティク・ナット・ハンのコミュニティ「プラムヴィレッジ」などで、〈気づき〉の練習の指針として儀式を通じて受け、慈愛にもとづいて瞑想と実践を行うもの。各項目は、「過去二週間でこの善い行いを実践しましたか?」という問いで終わる。不殺生戒・不偸盗戒・不邪淫戒・不妄語戒・不飲酒戒の実践的現代版といえる。

いのちとつながること、これは日常的に安心感を培う最上の方法です。さらに〈気づき〉を保ちながら実践をともにする仲間がいれば、瞑想にとって鬼に金棒でしょう。

エクササイズ 20 安らぎの種《たね》を蒔く

心に目覚めの一要因である喜び（安らぎ・無執着）があるとき「自分の心には喜びがある」と気づき、喜びがないとき「自分の心には喜びがない」と気づく。心にまだ生まれたことのない喜びが生まれつつあるとき、またはすでに生まれた喜びが成就したとき、それに気づく。

この瞑想では、心に安らぎ・喜び・解放の種を蒔き、水を注ぎます。心の固まりが苦しみの種なら、安らぎ・喜び・解放は幸福の種です。

仏教ではこの種のことを、さまざまな心理状態や意識内容を生み出す根源であると説いています。なかには両親や先祖から受け継がれた種もあります。ブッダ、菩薩、縁覚《えんがく》、声聞《しょうもん》、神々、人間、阿修羅《あしゅら》、畜生、餓鬼、地獄の亡者*から来た種もあります。つまり出生以前に、すでに私たちのなかにはたくさんの健全な種と不健全な種があったのです。生まれた直後から家族や学校、社会によって植えつけられ、心に形成された種もいろいろあります。苦しみを産む種

*――菩薩は、悟りを開く前の修行中のブッダのこと。または悟りを得てはいるが、衆生を救うために俗世に戻ってきた存在のこと。縁覚は、自力によって自らのためにのみ解脱した者。声聞は、真理の教えを聴き弟子として修行する者。阿修羅は、古代インドのバラモン教から仏教に取り入れられ、仏教の守護神となった戦いの神。三面六臂の鬼神としておそれられることが多い。畜生は、仏教では、禽獣虫魚のような欲にまみれた人間以外の存在をさす。大乗仏教では、悪徳に落ちた人間の精神状態をさすようにもなった。餓鬼は、悪徳、悪行により飢えと渇きに苦しむ餓鬼道に生まれ変わった存在のこと。大乗仏教では、そうした人間の精神状態をさすようにもなった。

は「不健全なもの」、幸福を産む種は「健全なもの」とよべるでしょう。

相互依存的生起（縁起）の法則に照らせば、この種の性質は不変ではありません。ひとつの種が存在するには他のすべての種が必要であり、どの種を見てもそのなかに他のすべての種が存在します。どの不健全な種にも健全な種の芽があり、健全な種にも不健全な種の芽があります。昼があるためには夜が、誕生には死が必要なように、不健全な種は健全な種に、健全な種は不健全な種に変わる可能性があるのです。

つまり、人生でもっとも困難な時期、これ以上ないという苦しみのときでさえ、心のなかには安らぎや喜び、幸せの種があるということです。心にもとからある安らぎや喜びや幸せの種を見出す方法を知り、水やりや手入れの仕方がわかれば、その種は芽を出し、やがて安らぎ、喜び、解放という果実を実らせるでしょう。

四念処経には、さまざまな箇所で心の対照的な二面が取り上げられています。

欲をもたない心は「無欲」という健全な心、怒りをもたない心は「無瞋恚《むしんに》」という健全な心です。無欲、無瞋恚、そして解放は心のなかにある健全な種であり、水やりと手入れを必要としています。

仏教では、心をいろいろな種が蒔かれる一枚の畑にたとえることがあります。「心の土地」（チッタブーミ）という言葉はここから来ています。〈気づき〉の瞑想を行うときには、生、老、病、死、欲望、憎しみ、嫌悪、無智、疑い、誤った見方といった現象を観察するだけでは足りません。じっくりと時間をかけて健全さや喜び、解放をもたらす心の対象を観察し、健全な種が心の土地に芽吹き、花開くことが大切です。

目覚めた人（仏）、真理の教え（法）、教えを実践する仲間（僧）、慈しみ、思いやり、無執着、〈気づき〉、あらゆる現象（法）の探究、くつろぎ、幸福、平静さ、これらの観察を怠らないようにと仏教では勧めています。

たとえば、喜び（ムディタ）は、人の喜びに触発されて生まれる喜び以外に、心に起こる健やかな感情である喜びもあります。喜びは四無量心のひとつで、他の三つは慈しみ、思いやり、無執着です。だれの心にもムディタの種はあります。自分が人生に喜びを感じるほかに、幸せを味わい、その幸福を人とともにする道はありません。心に喜びがなくて何を分かちあえるでしょうか。喜びの種が何重もの苦しみの覆いの下に埋もれていたなら、微笑むことも、ともに喜びあうこともできないでしょう。この瞑想は、心のなかの健全な種につながり、それらを育てていく糧になります。

人生には苦しいことがあふれていますが、すばらしいこともたくさんあります。冬があれば春があり、闇があれば光もある。病に対して健康があり、嵐や洪水がやってくれば、そよ風や心地よい雨もやってくるといったように。

私たちの目、耳、心、微笑み、呼吸はすべて驚嘆に値します。目を開けばそれだけで、青い空、白い雲、バラの花、澄んだ流れ、黄金の小麦畑、子どもの目の輝きが飛びこんできます。耳をすませば、松葉のささやき、渚に打ち寄せる波の音が聞えます。すべてのものは無常で今の姿はかりそめであるとはいえ、すばらしい出来事もまたたくさんあります。

心のなかにも身のまわりにも、回復と癒しを与えてくれる驚くべき出来事があふれています。出会いさえすれば、その癒しの恵みを受け取ることができるのです。私たちの心に安らぎと喜びがあれば、この世界にも安らぎと喜びを少しずつ広げていくことができるでしょう。

青い空、白い雲、そよ風、心地よい雨、安定した政治、言論の自由、理想的な教育、美しい花、健康、これらは平和と幸福を作るプラスの要素です。しかし一方で、社会的不公正、人種差別、子どもたちの飢餓、武器の製造、放射能などのマイナスの要素も存在します。こうした世界の醜悪で危険に満ちた出来事に対して眼を離さないでください。そうすれば状況を良い方向に変えていくことができます。

そうはいっても、来る日も来る日も醜さや堕落を憂い怒ってばかりいると、喜びや人に奉仕する活力が失われてしまいます。だからこそ、心や身のまわりに存在する平和で善なる要素に触れ、それを味わうことが必要なのです。

子どもたちには、すばらしいもの、大切なもののありがたさに気づくことを教えましょう。価値がわかれば、それを何とかして守ろうとするものです。こうしたもっとも基本的な実践が、自分自身の幸福だけでなく子どもたちの幸福も守っていくのです。

理屈のうえでは花のすばらしさがわかっていても、心の悲しみによって閉ざされ、それを実感できないという人がたくさんいます。過去に意識のなかにある若々しく健やかな種に触れることを自分に許さず、種とのつながりが切れてしまったのかもしれません。

相互存在教団*が守る七番目の戒は、意識的な呼吸の瞑想を行い、自分のまわりにある多くの癒しや蘇りの要素とつながるようにと定めています。人生の多くのすばらしい出来事とのきずなを再び取り戻すためには、ときには仲間の助けが必要です。「瞑想には仲間、食事にはスープが必要」、ヴェトナムの諺はこのように仲間とともに励むことの大切さを教えています。こうした仲間の集まりや瞑想の仲間のことをサンガ**(僧伽)とよびます。瞑想を行うときには、この集まりの助けが欠かせません。これが「サンガに帰依します」と唱えるゆえんです。

私たちが苦しみのさなかにあるとき、落ち着いた心で理解し支えてくれる、冷静かつにこやかな友人がいること、これ以上の幸運はありません。無力感にとらわれ意気消沈しているときには、そんな友人を訪ね、ともに坐って心の安定を取り戻しましょう。そうすれば、花々や心や周囲にあるすばらしくみずみ

*――ティク・ナット・ハンが弟子たちとともに一九六六年に創立したティエプ・ヒエン教団のこと。ヴェトナム戦争のさなかに非対立を説き、理解と慈悲にもとづく実践を行った。また伝統的な仏教の五戒を、より現実に役立つ十四戒に作り直した。

**――本来の意味では仏教の三宝のひとつ「僧」の集まり、または教団のこと。広い意味でティク・ナット・ハンは、瞑想の修行をする仲間のことをさしている。

ずしい出来事に再び触れることができるようになります。友人がくれる喜びの恵みを受け入れれば、長いこと世話を怠り水やりもせずに死にかけていた癒しの種を蘇らせることができるでしょう。

日々を〈気づき〉の心で過ごし、理解と慈しみ、安らぎ、喜び、解放の種を蒔き、たえず水を注ぎましょう。

四念処経には、〈気づき〉の実践によって生きるためのたくさんの瞑想法があります。意識的な呼吸、微笑み、歩く瞑想、坐る瞑想を行い、見方・聴き方を工夫し、〈気づき〉の観察の瞑想を実践することを通して、幸せの種は育っていきます。

慈しみ、思いやり、喜び、無執着のあるところには、本当の喜びと幸せがあります。喜びを感じながらもそれに執着しなければ、幸福を人と分かちあい、その悲しみや不安をやわらげることができるのです。

〈気づき〉の瞑想のポイント

心の対象（法《ダルマ》）は心にほかならない

物理的、生理的、心理的領域にあるものはすべて、心の対象でありながら心と分離してはいません。四種の〈気づき〉の確立（四念処）――身体・感覚・心・心の対象――のすべては心の対象です。対象と心はひとつですから、心が何かを観察するとき、本質的に心が心を観察しているということになります。

仏教で法《ダルマ》という言葉は、心の対象や心の内容という意味で使われています。諸法は十二処*のひとつに位置づけられます。十二処のうち、はじめの六根は感覚器である眼、耳、鼻、舌、身体、心であり、残りの六境は形、音、匂い、味、触覚、そして法です。音が耳の対象であるように、法は心の対象です。

認識の対象と認識の主体は分かれては存在しません。この世のすべては心のなかで生まれているのです。この原理を発展させていくと、最終的には「すべては心にほかならない、あらゆる現象は意識である」、つまり「心によってすべては存在する、意識があるからあらゆる現象はある」という表現になります。これは、大乗唯識学派で展開した見地です。

南伝の仏教でも、あらゆる存在の源は心であるという考え方がはっきりしています。「心の誕生」（チッタサムッターナ）、そして「心から生まれた」（チッタジャ）という言葉が、パーリ語の論蔵《ろんぞう》**（アビダルマ）ではよく使われています。発《ほっ》趣論《しゅろん》***には、「心こそ形が生まれる原点だ」（チッタム・サムッターナム・チャ・ルーパナム）という表現が見受けられます。

*――六根（六つの感覚器官）と六境（六つの感覚の対象）を合わせたもの。
**――前出脚注「論」（一七六ページ）参照。
***――七つの論蔵（経の研究・解説書）のうちの最後のひとつ。現象界の関係性を二十四に分類し、悟りのみが絶対であると論じている。

〈気づき〉の観察対象は、呼吸または爪先（生理現象）、感情や知覚（心理現象）または形（物理現象）、何であってもかまいません。観察の対象が生理現象であれ、心理的・物理的なものであれ、それらは心から離れては存在せず、本質的に心と異なりません。心には個別の心・集合的な心というとらえ方ができますが、唯識学派の教えではそれがいっそうはっきりとしています。

避けるべきは、観察対象が自分の心とは別に存在するという考えです。対象こそが、私たちの個別的な、または集合的な意識から生まれることを忘れないように。心の対象を観察するのは、右手で左手をつかむようなものです。右手があなたなら左手もあなた自身です。手が手をつかむことで、それ自身と一体になるのです。

観察する対象とひとつになる

観察する主体は〈気づき〉ですが、それもまた心の産物です。光をあて変化をもたらすのが〈気づき〉の働きです。呼吸が〈気づき〉の対象になったとき、それは意識的なものに変化します。〈気づき〉が呼吸に光を注ぐと、呼吸の散漫な性質は深い〈気づき〉になり、そこに静けさと癒しの性質が備わります。その光は身体や感情にも行き渡り、その両方が〈気づき〉の光によって変えられるのです。

〈気づき〉は観察する心ですが、観る対象の外側にあるわけではありません。〈気づき〉はじかに対象に入りこみ、それとひとつになります。観察する心の本質は〈気づき〉であり、それは対象のなかでその力を失うことなく光を注ぎ変化をもたらします。太陽の光が浸透し、木々や植物を変えていくように。

物事をよく見て理解したければ、対象に入りこみ、それとひとつにならなくてはなりません。外側にいて眺めているだけでは、真に見て理解することは不可能です。観察とは、入りこんで変化させる働きです。だからこそ経典には、「身体において身体を観察する。感覚において感覚を観察する。心において心を観察する。心の対象において心の対象を観察する」とあるのです。その説明はじつに明快です。深く観察をする心は、たんなる観察者ではなく参加者です。観察者が参加者であるとき、はじめて変化が起こります。

「ありのままの観察」とよばれる瞑想では、〈気づき〉の心がそこにあるだけで、意識の対象に影響が現われはじめます。息を吸うとき「息を吸う」と心で唱えれば、呼吸の存在感がはっきりとします。〈気づき〉が呼吸に行き渡っているからです。

〈気づき〉の観察を進めていくうちに、観察者と対象の境界は消えていきます。

〈気づき〉と呼吸はひとつ、私たちと呼吸は一体です。呼吸が静まれば私たちも静まります。呼吸は身体や感情も静めます。これが四念処経とアーナパーナサティ・スッタで説かれている瞑想法なのです。

心が欲求の感覚や観察する対象に没頭しているとき、〈気づき〉は働きません。意識的な呼吸は〈気づき〉を養い、〈気づき〉は意識的な呼吸を導きます。〈気づき〉があれば恐れるものは何もありません。観察の対象はより鮮やかになり、その組成、起源、本質がはっきりと現われてきます。こうして変化が起こるのです。対象にはもう私たちを縛る力はありません。

〈気づき〉の観察によって対象がすみずみまで明らかになると、観察している心も非常にはっきりとその全貌を現わします。心の対象（法）が明らかになると、心もよく見えるようになります。諸法がその本性を現わすとき、心には最高の理解という性質が備わります。認識の主体とその対象は別のものではありません。

真実の心と迷いの心はひとつ

「真実の心」と「迷いの心」は心の裏表であり、どちらも心から生まれてきます。迷いの心はぼんやりした散漫な心で、忘却から生まれます。真実の心の源は目覚めた理解であり、〈気づき〉から生まれます。

〈気づき〉の観察は、真実の心のなかにある光を引き出し、いのちはありのままの姿を現わすことができます。その光によって混乱は理解に、誤った見地は正しい見地に、幻想は現実に、迷いの心は真実の心に変わります。

深い〈気づき〉の眼差しが生まれると、それは観察する対象に入りこんで明るく照らし、少しずつその本性をあらわにしていきます。真実の心は迷いの心から生まれます。物事の本性と幻想とは同じ源からきています。ですから瞑想で大切なのは、ほかのどこかに真実の心を求めるのではなく、迷いの心を変化させることなのです。荒海と凪《な》いだ海の表面に現われているのはどちらも同じ海です。

そのように、真実の心は迷いの心なしには存在しません。三解脱門《さんげだつもん》*は、無願が悟りの基礎であると説いています。無願とは、自分の外に目的を求めないことです。大乗仏教の無所得の教えは、真実の心と迷いの心が一体（煩悩即菩提）であることをもっともよく表わしています。

バラが生ゴミになっていく過程にあるなら、生ゴミもまたバラになっていく過程にあります。それがはっきりと見抜ければ、バラと生ゴミが一体であること——バラのなかに生ゴミがあり、生ゴミのなかにバラがあることが理解でき

*——悟りに至る三つの門。空（すべては分かれていない、空であると観ること）、無相（空であるから差別の相〈生死・浄汚など〉はない）、無願（無相ゆえに悟りは求める対象ではない）のこと。

るでしょう。バラが存在するためには生ゴミが必要であり、バラはやがて生ゴミになるのだから、生ゴミにはバラが必要だと悟るのです。生ゴミをどう扱えばバラになるのかがわかれば、バラがしおれて生ゴミになっていくのを見ても恐れることはありません。

これが非二元の法則です。真実の心（バラ）がまだ変化をはじめない迷いの心（生ゴミ）のなかに見出せるなら、それを幻想の只中にも、誕生と死の本質のなかにも認めることができるでしょう。

心の解放とは、物質、感覚、認知、思いの形成、意識という五蘊から逃避したり、それらを放棄することではありません。肉体が不浄に満ちていても、この世の本質が幻想であっても、肉体やこの世から離れなければ自由になれないということはないのです。

心の解放と悟りへの目覚めの世界は、まさにこの身体とこの世から生まれます。正しい理解（正覚《しょうがく》）が訪れれば、清浄か不浄か、知覚の対象が幻想か現実かなどの違いは超えられます。園芸家が生ゴミからバラが生まれることを見抜けるなら、瞑想に取り組む私たちは、悟りの境地が誕生と死から直接やってくるとわかるはずです。そうすれば誕生と死から逃避し、悟りの境地を追い求めることもなくなるでしょう。

「苦悩の源は、目覚めた状態と異ならない。悟りの境地も誕生と死も、宙に描かれた幻想だ」

これは非二元の本質を深く見究めた言葉です。この洞察の要は、四無量心のひとつである平静さ、または無執着です。ブッダは、存在にも非存在にも執着してはならないとはっきり説きました。存在は欲の場、非存在は虚無の場といえます。心の解放とは、そのどちらからも自由になることです。

争いを超えた道

非二元性を理解したとき、私たちは自ずから喜びや安らぎをまわりに施し、非暴力に生きる努力をはじめるようになります。

園芸家が葛藤や差別の心を抱かずに生ゴミを扱うことを知っているなら、瞑想をする私たちも、葛藤や差別意識なしに五蘊をどう扱うかがわかるはずでしょう。五蘊は苦しみや混乱のもとになりますが、安らぎ、喜び、解放も生み出します。五蘊に執着や嫌悪をもって接することはやめましょう。経典には、この世のあらゆる渇望や嫌悪を脇に置いて観察するようにはっきり書かれています。

悟りを開く前、シッダールタ*は苦行によって自分の身体や感情を抑えこみました。こうした手段はもとより暴力的で、否定的な結果しかもたらしません。そうした修行を経て彼は態度を改め、身体や感情による非暴力と非対立の修行に励んだのです。

四念処経が説くブッダの修行法には、この非暴力と非対立の精神がはっきりと見られます。〈気づき〉の瞑想では、身心に何が起こっているかを認知し、対象に意識の光を投げかけながら深く観察します。瞑想中は、見つめる対象に渇望も欲求も抑圧も抱きません。まさしくありのままの観察という言葉通りに。そこには激しい願いも嫌悪感もありません。身体や感情が自分自身だと知れば、それら、つまり自らを抑圧したりせず、逆に受容するようになります。受容は欲求ではありません。受け入れることができれば、安らぎと理解が自

*――ブッダの俗名、ゴータマ・シッダールタ。シャーキャ族の王子だったシッダールタは、二十九歳で出家、三十五歳で悟りを開き、ブッダ（目覚めた人）となった。

然に訪れます。正しさと誤り、観察する意識と観察される身体（不浄とよぶもの）、観察する意識と観察される感情（苦しみとよぶもの）といった違いを手放せば、安らぎと喜びが生まれてきます。

身体と感情を受け入れるのは、それらに愛情をもって接し、乱暴に扱わないということです。ブッダは、生理的・心理的現象を抑圧しないで観察するために、対象への〈気づき〉を培うように教えています。自分の身体を受け入れ、和解し、嫌悪感を捨て、その働きを静めるために、ブッダの教えに習って瞑想しましょう。

「息を吸う、全身に気づく。息を吐く、身体の働きを静める」（アーナパーナサティ・スッタ）。観察による瞑想では、あえて善と悪とがぶつかる戦地へは踏みこみません。バラと生ゴミ、苦しみの根源と目覚めた心の非二元の本質が見抜けたなら、もう恐れることはありません。苦しみを受け入れ、母親が子どもを見守るように世話をし、それを変化させましょう。

心のなかに苦しみの根源を認め、それと一体になるとき、苦しみの罠にかかるかどうかは自分の心のあり方しだいです。ぼんやりしていると苦しみのもとにつかまり、自分が苦しみの原因になってしまいます。しかし〈気づいて〉いれば、その根源がはっきりと見え変化が起こります。だから、〈気づき〉の眼で苦しみの原因を見つめてください。〈気づき〉の灯りが光を放っていれば闇は変化します。意識的な呼吸、鐘の音を聴く、偈を唱える、など多くの洗練された実践によって、気づきの心を育てていきましょう。

自分の身体には、やさしく穏やかな態度で接してください。それをたんなる道具とみなしたり痛めつけたりしないように。疲れている、どこかが痛い、そんなときには体が調子が悪くてつらいと訴えているのです。身体には特有の言葉があります。〈気づき〉の瞑想を実践する者は、その言葉を聴き取る耳をもたねばなりません。坐る瞑想で脚がひどく痛むときには、微笑みながらゆっくりとていねいに、〈気づき〉を保ちつつ姿勢を変えましょう。姿勢を変えることに何の不都合もありませんし、そうするのに時間もかかりません。〈気づき〉の心さえ保たれていれば、瞑想は中断しません。

自分をいじめないことです。無理強いを続けていると、心から安らぎと喜びが失われるだけでなく、〈気づき〉と集中が奪われます。瞑想は大きな苦痛に耐えられる勇者になるためではなく、解放、安らぎ、喜びのために行うのですから。

感情についても、穏やかな姿勢でのぞみましょう。感情が自分自身だとわかれば、それを無視したり踏みにじったりすることはないはずです。泣く乳飲み子を抱いてあやす母親のように、〈気づき〉のふところに優しく抱きとめてあげましょう。母親は赤ちゃんが安心して泣き止めるよう、深い愛情をこめて抱っこします。意識的な呼吸に育まれた〈気づき〉は、その両腕に感情を迎え入れ、それとひとつになって落ち着かせ、変化を与えます。

ブッダは悟りに至る前に、心によって心を制する方法を幾通りも試みましたが、うまくいきませんでした。その結果、彼は力づくでない修行法を選び取ったのです。薩遮大経《さつしょだいきょう》*で、ブッダはこのことをくわしく説いています。

私は思った。私が歯を食いしばり、上顎に舌を押しつけ、心で心を支配し押さえつけることをしないのは何ゆえか？　闘士が自分より弱い闘士の頭や肩をつかまえ、自由を奪い、力で押さえこみ、一瞬も気を抜かずに押さえ続ける努力を止めない。そのように、かつて私は歯を食いしばり、上顎に舌を押しつけ、心で心を支配し押さえつけていた。そうして汗だくになった。力が不足していたわけではない。〈気づき〉を保ちそれを手放すこともしなかったのに、心にも体にも安らぎがなく、私は骨の折れる努力にくたびれ果てていた。苦行の辛さに

*——身体と心の修行について詳述されている経。サンスクリット語名マハーサッチャカ・スートラ。

加えて、こんな努力がさらなる苦痛を心に生み出し、私には心をなだめる術が見つからなかった。

この箇所からも明らかなように、ブッダはこうした努力は無益であると考えました。しかし同じ一節が、考想息止経《こうそうそくし》*では、ブッダの意図とは逆の意味あいで引用されています。

闘士が自分より弱い闘士の頭や肩をつかまえて、自由を奪い、力で押さえこみ、一瞬も気を抜かずに押さえ続ける努力を止めない。そのように、瞑想修行によって欲と嫌悪をめぐる不健全な思考を断ち切ろうとする比丘は、そうした思考が間断なく起こってくるなら、歯を食いしばり、上顎に舌を押しつけ、力を振り絞って心で心を打ち負かし、勝利しなければならない。

同様の表現が、本書付録にある第二訳本にも見られます。身体として身体を観察する者は、唇をしっかりと閉じるか歯を食いしばり、上顎に舌を押しつけ、心で心を支配し対決する（二四九ページ参照）。こうした表現は、経典の他の訳本ではほとんど見受けられませんが、第二訳本に非常に近い内容の身念処経《しんねんじょ》には含まれています。この箇所に相当するパーリ語経典は、身行念経《しんぎょうねん》です。

*——心を制御するための修行法について、いかに不善を打ち砕き苦を滅するかを説く経。サンスクリット語名ヴィタッカサンターナ・スートラ。

観察とは教義を植えつけることではない

仏教の修行道場では、世界中どこへいっても、四種の確立の観察を行う際に、「身体は不浄、感情は苦しみ、心は無常、諸法は無我」といった文句を唱えるよう教えられます。私も入門したばかりのときにこうした指導を受け、まるで洗脳のようだと感じたものです。

四種の〈気づき〉の確立（四念処）の瞑想では、「渇望と嫌悪感をもたない」心によって深く観察します。〈気づき〉は執着せず、避けず、責めず、押さえこむことをしません。それゆえ〈気づき〉の観察の光のもとでは、あらゆる存在がその本性を現わすことができるのです。対象を観察するとき、先のような文句を無意識的に繰り返せば、その無常、無我、不浄の本性が苦しみのもとであるとわかるわけではありません。深く見つめ、あらゆる対象の本質を見究めるとき、その存在が自ら姿を現わしてくるのです。

機械的に「身体は不浄」と繰り返し唱えることは、出来あいの教義を読み上げるのと同じです。生理的な現象をすみずみまで観察し不浄の性質を悟ることは、教義とは違って自分自身の経験です。〈気づき〉の瞑想中に、現象には清浄も不浄もあるとわかれば、それも自分の経験です。さらに深く瞑想を進め、現象には清浄も不浄もなく、そのどちらの概念をも超えているとわかれば、般若心経が説く真実が見えてくるでしょう。この経典もまた、どんな決めつけも退けるように教えています。

身体は不浄であり感情は苦しみであると、無理やり思いこむことはありません。その表現にいくぶんかの真実が含まれているとしても、それを断定的に繰り返すのはたんなる知識の詰めこみです。〈気づき〉によって観察すれば、自分には苦痛もあれば喜びや安らぎという感情もある、中性の感情もあるとわかるでしょう。さらに観察を進めれば、中性の感情は喜びに変わりうるし、苦しみと幸せが互いに支えあっていることなどがわかってきます。

幸福があるから苦しみがあり、苦しみがあるから幸福はあります。「心は無常である」と繰り返すこともまた決めつけです。心が無常なら、身体も感情も無常です。「あらゆる存在（諸法）は無我である」も同じことです。あらゆる存在が無我であるなら、身体・心・感情もまた無我なのです。

すべての現象をいかなる固定観念もなしに観察する、判断を脇に置き、対象への姿勢を固定せずに〈気づき〉の観察を続けるという、独特な教えを四念処経が説くのは、以上のような理由からです。こうして〈気づき〉の観察の光によって、対象の本性が姿を現わすことができるようになります。そのとき私たちは、誕生も死もなく、清浄も不浄もなく、増えることも減ることもない（不生不滅、不垢不浄、不増不減）、または相互浸透、相互存在といったすばらしい発見に至る洞察の眼をもつようになるでしょう。

結び

四念処経の最後の部分にはこうあります。

四種の〈気づき〉の確立（四念処）を七年間修行すれば、ふたつの成果のうちのひとつ――今生における究極の悟り、もしくは苦悩がわずかでも残っている場合には、転生しないという成果――が与えられるだろう。

修行僧たちよ、七年は言うまでもなく、四種の〈気づき〉の確立を六年、五年、四、三、二年、または一年、さらに六カ月、五、四、三、二カ月、一カ月または半月でも修行するならば、その場合もふたつの成果のうちのひとつ——究極の悟り、もしくは転生しないという成果——が与えられるだろう。

修行の成果を得るためには七年は必要かもしれないが、強い意志をもって修行にのぞむならば七年の必要はなく、半月で十分である。それゆえにこの道、〈気づき〉の確立という修行の道は、あらゆる存在を浄化し、嘆き悲しみを乗り越え、苦痛や不安を残らず解消する『もっともすぐれた道』なのである。

ブッダのこの説法を聴いて比丘たちは歓喜した。それを深く心に刻みつけ、教えにもとづく修行に取り組みはじめた。

〈気づき〉は仏教の瞑想の核心です。〈気づき〉の瞑想は坐って行うだけではなく、日常生活のなかでいつでも実践することができます。自らの身体が〈気づき〉に満たされていれば、心を治められるようになり、体と心はひとつになります。不十分な〈気づき〉のもとでは、体はまるで野生の水牛です。〈気づき〉は牛飼いで、心は水牛なのです。

禅の十牛図*は、身心を治めていく道程、悟りへ向かう一つひとつの段階を描いています。はじめに牛飼いは水牛に近づこうとしますが、ここではまだ牛飼いと水牛はふたつに分かれています。そのうち牛飼いは〈気づき〉の修行によって水牛を理解しはじめ、しだいに両者は一体となり、しまいに牛飼いは水牛の背に乗って、歌ったり笛を吹いたりしながらそれを自由に操れるようになります。

〈気づき〉を保ちながら、立つ、歩く、座る、横になる、そして働く。そのとき私たちは、経典が記すブッダの教えを実践しているのです。しかし、瞑想を

*――禅の悟りに至るまでの道すじを、牛と牛飼いを主題に描いた図。中国宋代の禅僧、廓庵によるものが有名だが、あらゆる時代に描かれている。修行者は真理を求めて独居し、自然とひとつになっていくが、最後には衆生を救うために俗世に還ってくる。

心地よく実り多いものにするのは、サンガとよばれる仲間とともに行うことでしょう。

〈気づき〉の暮らしを実践する仲間の存在は、大きな支えと励ましです。仲間が〈気づき〉とともに歩き坐る、その佇《たたず》まいや日常の動作を眼にして、私たちも〈気づき〉を保つ大切さを教えられます。仏教の道場では、お互いに修行する姿勢を忘れないよう〈気づき〉の鐘を使います。ときおりその鐘が鳴ることで、心は〈気づき〉に引き戻されます。まわりで瞑想する仲間の存在は、〈気づき〉の鐘数個分に相当するでしょう。

サンガがあれば必要なときいつでも支えてもらえ、仲間の経験や洞察、助言や導きが私たちを助けてくれます。師はかけがえのない存在ですが、サンガなしで瞑想を続けるのは難しいと思います。

ですから、近くのサンガに参加してみたり、小さなサンガを自分で作ることは大切な一歩です。たまには集中できる環境で、〈気づき〉の瞑想を行う五日から一週間のリトリート（瞑想の合宿）に参加することをお勧めします。またときどき、仲間と一緒に瞑想する「〈気づき〉の一日」を企画するのはどうでしょうか。大人と子どもが一緒に瞑想する、家族による〈気づき〉の一日を開くこともできます。友人を大勢招待するのもいいかもしれません。

仏教の瞑想を行うのは、社会や家庭生活から逃れるためではありません。〈気づき〉をしっかりと実践することで、自らだけでなく家族や友人たちにも、安らぎと喜び、解放がもたらされるでしょう。〈気づき〉の生活を続けることで、間違いなく自分自身が変わり、生き方が変わります。日常は簡素になり、ひとりのとき、仲間といるとき、自然のなかで過ごすときにも、楽しみを味わう時間が増えるでしょう。人に喜びを与え、その苦しみをやわらげる機会も増えます。そして時がくれば、安らかに息を引き取れるでしょう。死とは新たな出発であり、違った形で続くいのちだと思えるからです。このように人生を歩めば、毎日が誕生日、「継続おめでとうの日」になります。

付録

三種の訳本について

経典成立の歴史

　ブッダは生涯を通じて、説法にアルダマーガディ語を使っていましたが、彼の教えはその語圏をはるかに超えて広がりました。ガンジス河沿いの沖積平原より遠方にあった数々の修行道場では、僧や尼僧たちがそれぞれの地方の言語で、真理の教え（法《ダルマ》）を学んでいたに違いありません。

　あるとき祇園精舎《ぎおんしょうじゃ》でのこと、ヤメールとテークラというふたりの僧が、ブッダのすべての教えをヴェーダ語の古典韻文へと翻訳させていただけないだろうかとたずねました。真理の教えの美しさと正確さを守護したいというのがその理由です。しかしブッダは、自らの教えが学識あるエリートたちの箔づけとして利用されるのを好まず、だれもが自らの言語で学び、修行することを望みました。


　ブッダの入滅から四カ月後、マハーカシャパ尊者は、ラージャガハ*のサッタパンニグハー山で、経と律**を口伝で照合するため、僧たちの会議（結集《けつじゅう》）を開きました。マガダ国のアジャータシャトル王が後援した、この口伝のための会議には、五百人の長老格の僧たちが招かれました。そこで使われた言語は、当然のことながらブッダ自身が使っていたアルダマーガディ語です。のちにそれぞれの地方で各国語に訳された経典は、このラージャガハの結集での照合をもとに作られています。

　そして、その百年後、ブッダの教えの正典の照合を進めるために、ヴァイシャーリで第二結集が開かれました。このときには、七百人の僧たちが招かれました。その後、紀元前三七五年に、僧たちの集まりは、保守的な傾向の上座部・長老派と、進歩と変革の傾向をもつ大衆部《だいしゅ》という、ふたつのグループに分かれていきました。

　大衆部の信者は数で勝っており、それから三百年間にわたって、このふたつの部派からさらに多くの派が枝分かれしました。北伝の根本説一切有部《こんぽんせついっさいうぶ》に属するヴァスミトゥラの異部宗輪論《いぶしゅうりんろん》によれば、その数はあわせて十八にのぼったといいます。

部派の数が急増したのは、教えについての異なる見解や論評が多く存在したからです。これらの解釈を載せた解説書を「論」といい、論蔵にまとめられています。各部派はそれぞれに特有の経・律・論の各蔵を伝えています。上座部の三蔵はすべて、スリランカにおける比較的安定した修行環境のおかげで完全な姿をとどめており、西インドを起源とするパーリ語で書かれました。上座部は、根本説一切有部に対抗していた分別《ふんべつ》部派から出ています。

第三結集は、ブッダ入滅二三六年後の紀元前二四四年に、アショカ王の後援によってパータリプトラで開かれました。その際、アショカ王が分別部派の肩入れをしたためか、根本説一切有部の信奉者は北方に移動してカシミール地方に活動の拠点を据え、そこで千年を超えて繁栄しました。

現在、四念処経には三種類の経本が伝えられています。

本書で取り上げた第一訳本は、パーリ語のサティパッターナ・スッタから訳されたもので、紀元前一世紀の上座部の経典です。この訳本は、パーリ語のマハサティパッターナ・スッタと、最終部に多少の稿が加わっているものの、まったく同じです。本解説の趣旨からすれば、マハサティパッターナ・スッタと第一訳本は同一とみなしていいでしょう。

第二、第三の訳本は中国の経典から来ています。第二訳本の念処経は、サンスクリット語のスムリティ・ウパスターナ・スートラから中国語に翻訳された、根本説一切有部の念處経《ニャンチュージン》の第九八および大《たい》正新脩大蔵経《しょうしんしゅうだいぞうきょう》の第二六の翻訳です。第三訳本の

*――インド北部の現在のラージギル。古代インド・マガダ国の首都であり、ブッダがもっとも長く滞在した地である。

**――「経」はブッダの教え、「律」は規則・道徳律などをまとめたもの。このほかに教えについての注釈や解釈のまとめ「論」をいれて「三蔵」という。「蔵（ピタカ）」とはもともとカゴのことであり、「教えを入れる器」という意味。

「一入道経」は壹入道経《イユールーダオジン》からの翻訳です。これは大衆部の経典ですが、原典ではなく、のちの改訂版から作られたものです。

中国版の四念処経の訳者はゴータマ・サンガデーヴァとされています。サンガデーヴァ師の出身は現在のアフガニスタンです。彼は四世紀に中国へと旅立ち、三八三年から長安の都に、そののち東晋《ドンチン》の首都健康《ジャンカン》に居住しました。彼は三九一年から三九八年の間に訳経に取りかかっていますが、長安滞在時に中国語を身につけたと考えられます。

中国版では、一入道経も同じくサンガデーヴァの訳本だとされていますが、僧ダルマナンディーの翻訳と考えられる根拠も多く存在します。ダルマナンディー師は于闐《コータン》の人で、四世紀に中国へと旅し、長安に居を定めて三八四〜三九一年に経の翻訳をしています。開元釈教録《かいげんしゃくきょうろく》という書のなかでは、増一《ぞういっ》阿《あ》含経《ごんきょう》はサンガデーヴァによって訳出されたとありますが、一入道経の序文でタオアン師は、ダルマナンディー師こそが、ズーフォニアンが中国語訳し、サンガデーヴァが書写できるように、元のサンスクリット語の経典を読み上げたのだと述べています。作業の後、彼らは健康にあったサンガデーヴァ師の訳経院へ訳本の草稿をもちこみ、校閲を受けました。

歴代三宝紀《れきだいさんぼうき》第七巻（隋王朝）、大唐内典録《だいとうないてんろく》、大周《だいしゅう》刊定衆経目録《かんていしゅうきょうもくろく》などのどれにも、増一阿含経の訳本には、ダルマナンディー師版とサンガデーヴァ師版の二種類があると記されています。出三蔵記集《しゅつさんぞうきしゅう》、隋王朝の衆経目録、唐王朝の経典目録、これらすべては増一阿含経がダルマナンディー師の訳出であると主張しています。これらの資料をあわせ訳本の文体などから判断して、ここでは増一阿含経の訳本としてダルマナンディー版のみを採用しました。

ヴァイシャーリの結集の後に現われた大衆部はのちに二派に分かれ、一方は北西へ、もう一方は南へと移動しました。北西地域の大衆部には、大乗的な傾向のある出世間部《しゅっせけんぶ》を含めて五分派がありました。ダルマナンディーが翻訳したのは、本書中に採録した念処経の第三訳本を含む、この一派の増一阿含経です。

したがって、この第三訳本は、大乗からの影響をより強く受けており、第一、第二の訳本とくらべてもとのブッダの教えに近いとはいえません。第三訳本にはのちの諸説が多く混入しているからですが、それでもブッダの教えの真意はそこに含まれています。

第二訳本

念処経

中部経典から引用された念処経。ゴータマ・サンガディーヴァがサンスクリットから中国語へ翻訳。さらにティク・ナット・ハンとアナベル・レイティが英訳。

第一節

ブッダがクル人の国のカンマッサダンマという町に滞在していたおり、私が聞いた説法。

ブッダは修行僧たちによびかける。

生けるものたちが浄められ、不安や恐れを克服し、苦しみ・嘆き・悲しみを滅し、正しい修行をおさめるのに役立つ道がある。それは四種の〈気づき〉の基盤を保つ道である。過去のあらゆる如来たち*は、四種の〈気づき〉の基盤に心を確立させ、このうえ何の障害もない真の目覚めの果実を得た。この四つの基盤に立つことで、五つの障害（五蓋）を放棄し、心の毒を浄化し、目覚めた理解を妨げるような状態を超越することができた。さらに目覚めの七つの要因（七覚支）の修行により、真実の、正しい、無上の目覚めに至った。未来のあらゆる如来たちも、四種の〈気づき〉の基盤に心を確立させ、このうえ何の障害もない真の目覚めの果実を得るだろう。この四つの基盤に立つことで、五つの障害に終

*——ブッダの名称のひとつ。真理からきて真理へと去るという意味。「あらゆる如来」とあるのは、初期仏教において過去七仏（真理に到達した存在の七つの現われ方）が案出されたことにもとづく。

わりを告げ、心の毒を浄化し、目覚めた理解の力を弱めるような何ものをも超越することができるだろう。さらに目覚めの七つの要因の修行により、真実の、正しい、無上の目覚めに至ることだろう。私自身を含む現在のあらゆる如来たちは、四種の〈気づき〉の基盤に心を確立させ、障害のない状態である真の目覚めの果実を得た。この四つの基盤に立つことで、五つの障害に終わりを告げ、目覚めた理解の力を弱めるような何ものをも超越することができた。さらに目覚めの七つの要因の修行により、真実の、正しい、無上の目覚めに至った。

四種の〈気づき〉の基盤とは何か？　それは、身体として身体を、感覚として感覚を、心として心を、心の対象として心の対象を観察する四つの方法のことである。

第二節

身体として身体に気づくとき、心の確立を保ち続けるにはどうしたらいいのだろうか？

歩くとき歩いていると知る。立つとき立っていると知る。座るとき座っていると知る。横たわるとき横たわっていると知る。目覚めているとき目覚めていると知る。目覚めていても眠っていても、目覚めている、眠っていると知っている。これが、内と外から身体として身体に気づき、理解、洞察、明晰さ、認識によって身体に〈気づき〉を確立する方法だ。そして身体として身体に気づいている、といわれる状態である。

さらに比丘たちよ、身体の気づきの瞑想を行う際には、出る・入る、かがむ・立ち上がる、手足を伸ばす、または縮めるなど、自分の姿勢や動きにくまなく気づく。法衣をまとうとき、托鉢の鉢をもつとき、歩く、立つ、横たわる、座る、話す、黙っているときにも、巧みに気づく方法を知っている。これが、内と外から身体として身体に気づき、理解、洞察、明晰さ、認識によって身体に〈気づき〉を確立する方法だ。そして身体として身体に気づいている、といわれる状態である。

さらに比丘たちよ、どのような不健全な心の状態が生まれても、身体として身体に気づいていれば、ただちに健全さで不健全さの均衡をとり、それを変えることができる。大工と弟子が一本の糸を板の縁に沿って張り、鉋《かんな》を使ってその角を削っていくように、不健全な心の状態が生まれたことを感じたら、ただちに健全な状態で均衡をとり、その状態を変える。これが、内と外から身体として身体に気づき、理解、洞察、明晰さ、認識によって身体に〈気づき〉を確立する方法だ。そして身体として身体に気づいている、といわれる状態である。

さらに比丘たちよ、唇を固く結ぶ、歯を食いしばる、上顎に舌を押し付け、心のある部分で他の部分を抑制するとき、身体として身体に気づき、思考の均衡をとり変化させる。たとえば、ふたりの力のある者たちがひとりの弱い者につかみかかり簡単に押さえこむように、唇を結び、歯を食いしばり、舌を上顎に押し付け、心のある部分で他の部分を抑制し、思考の均衡をとり変化させる。これが、内と外から身体として身体に気づき、理解、洞察、明晰さ、認識によって身体に〈気づき〉を確立する方法だ。そして身体として身体に気づいている、といわれる状態である。

さらに比丘たちよ、息を吸うとき息を吸っていると知り、息を吐くとき息を吐いていると知る。そのときに身体として身体に気づいている。長く吸うときには、長く吸っていることを知っている。長く吐くときには、長く吐いていることを知っている。息を吸いながら全身に気づく。息を吐きながら全身に気づく。息を吸って吐きながら、自らの行動に気づき、行動しながらの静止を修行する。息を吸って吐きながら、自らの言葉に気づき、話しながらの静止を修行する。これが、内と外から身体として身体に気づき、理解、洞察、明晰さ、認識によって身体に〈気づき〉を確立する方法だ。そして身体として身体に気づいている、といわれる状態である。

さらに比丘たちよ、五欲を捨てることにより、心の集中のうちに至福が起こり、それが全身にくまなく行き渡るとき、身体として身体に気づく。集中するうちに起きてくる至福は、身体のすみずみに行き渡る。浴室係が粉石けんを洗面器に入れ、水分がくまなく石鹸分に行き渡るまで混ぜこむように、感覚的な欲望が治まったときに生まれる至福が、全身にくまなく行き渡っていくのを感じる。これが、内と外から身体として身体に気づき、理解、洞察、明晰さ、認識によって身体に〈気づき〉を確立する方法だ。そして身体として身体に気づいている、といわれる状態である。

さらに比丘たちよ、身体として身体に気づいている修行者は、心の集中のうちに起こる喜びが全身にくまなく行き渡るのを感じる。体の内で、集中の間に生まれたこの喜びの感覚が行き渡らないところはどこにもない。山奥の泉から湧く澄んだ清らかな水が、ほとばしり出て四方の山すそへと流れくだり、それまで潤うことのなかった土地から湧き出して、全山が水で満たされる。それと同じように、集中のなかで生まれた喜びは修行者の全身に浸透していき、至るところに現われる。これが、内と外から身体として身体に気づき、理解、洞察、明晰さ、認識によって身体に〈気づき〉を確立する方法だ。そして身体として身体に気づいている、といわれる状態である。

さらに比丘たちよ、身体として身体に気づいている修行者は、喜びが消えるとともに現われ、全身に行き渡っていく幸福感を経験する。喜びが消えるとともに現われる幸福感は、全身のすみずみに行き渡る。澄んだ水の底から池の水面に浮かび上がる、青、ピンク、赤、白などさまざまな種類の蓮、その主根、側根、葉、花にいたるまで池の水に満たされ、蓮のどこをとっても水を含まない部分がない。そのように、喜びが消えるとともに生まれる幸福感は修行者の全身をひたし、その喜びが行き渡らないところはどこにもない。これが、内と外から身体として身体に気づき、理解、洞察、明晰さ、認識によって身体に〈気づき〉を確立する方法だ。そして身体として身体に気づいている、といわれる状態である。

さらに比丘たちよ、身体として身体に気づいている修行者は、理解に満ちた明晰で穏やかな心で全身を包む。頭から足まで届く非常に長い衣をまとい、全身で衣に覆われていない部分は見あたらない、そうした人と同じく、明晰で穏やかな心で瞑想すれば、全身は理解で包まれ、それによって覆われていない部分はどこにもない。これが、内と外から身体として身体に気づき、理解、洞察、明晰さ、認識によって身体に〈気づき〉を確立する方法だ。そして身体として身体に気づいている、といわれる状態である。

さらに比丘たちよ、身体として身体に気づく修行者は、清浄な光が前方から後方へ、後方から前方へ、日中・夜間、上方・下方どこから射してこようと、均衡をもった障害のない心で、それに気づき、その光を受け入れる方法を知り、それを瞑想し心によび起こす（光明観）。この清浄な光によって「一入道」の瞑想を行い、ついに心は闇に曇らされることがない。これが、内と外から身体として身体に気づき、理解、洞察、明晰さ、認識によって身体に〈気づき〉を確立する方法だ。そして身体として身体に気づいている、といわれる状態である。

さらに比丘たちよ、身体として身体に気づく修行者は、瞑想の「しるし」を使いこなし、その対象をどう生かしていくかを知る（印相観）。座る者が横たわる者を観察し横たわる者が座る者を観察するように、瞑想のしるしを認識し使いこなすこと、その瞑想の対象をどう生かしていくかを知っている。これが、内と外から身体として身体に気づき、理解、洞察、明晰さ、認識によって身体に〈気づき〉を確立する方法だ。そして身体として身体に気づいている、といわれる状態である。

さらに比丘たちよ、身体に気づく修行者は、自らの身体が頭頂部から足の裏まで、各部分が支えあいながら存在することをよく理解する。そして身体のすべての部分は不浄であると認識する。自分の身体には毛髪があり、体毛がある、爪、歯、硬皮と軟皮、筋肉、腱、骨、心臓、腎臓、肝臓、肺、大腸、小腸、胆嚢、胃、排泄物、脳、涙、汗、痰、唾、膿、血液、脂肪、骨髄、膀胱、尿などがある。たとえば眼の利く者があらゆる種類の穀物を詰めた樽をのぞきこみ、これは米、これはキビ、これは芥子《からし》種などと見分けるように、それらすべてをひとつも逃さず見分ける。全身に注意を行き渡らせる修行者は、身体がそれを構成する頭頂部から足の裏までの各部分の真価によって存在できることを知り、それらの部分すべてが不浄であると見抜く。これが、内と外から身体として身体に気づき、理解、洞察、明晰さ、認識によって身体に〈気づき〉を確立する方法だ。そして身体として身体に気づいている、といわれる状態である。

さらに比丘たちよ、身体として身体に気づく修行者は、自らの身体を構成する要素を観察する。「ほかでもない私のこの体に、地の要素、水の要素、火の要素、風の要素、空間の要素、意識の要素がある」。肉屋が牛を殺し皮を剥いだあと、その肉を六つの部分に分けて地面に置くように、身体を構成する六つの要素を観察する。「この体には地の要素がある、水の要素がある、火の要素がある、風の要素がある、空間の要素がある、意識の要素がある」というように。これが、内と外から身体として身体に気づき、理解、洞察、明晰さ、認識によって身体に〈気づき〉を確立する方法だ。そして身体として身体に気づいている、といわれる状態である。

さらに比丘たちよ、身体として身体を瞑想する修行者は、死体の瞑想を行う。観察するのは死後一日から七日の死体であり、それはハゲ鷲に内臓をつつかれ狼に引きちぎられている。それは膨張するか腐敗しており、遺体置き場に打ち捨てられるか土中に埋められている。こうして死体を瞑想するとき、自分の体とくらべる。「自分のこの体もこれと同じ道をたどる。最後にこうなることは避けられない」。これが、内と外から身体として身体に気づき、理解、洞察、明晰さ、認識によって身体に〈気づき〉を確立する方法だ。そして身体として身体に気づいている、といわれる状態である。

さらに比丘たちよ、身体として身体を瞑想する修行者は、青黒く変色し、朽ちて半ば崩れ、地面に山積みされた死体の瞑想を行う。こうして死体を観察するとき、自分の体とくらべる。「自分のこの体もこれと同じ道をたどる。最後にこうなることは避けられない」。これが、内と外から身体として身体に気づき、理解、洞察、明晰さ、認識によって身体に〈気づき〉を確立する方法だ。そして身体として身体に気づいている、といわれる状態である。

　さらに比丘たちよ、身体として身体を瞑想する修行者は、皮膚、筋肉、血液、血痕さえ残さない骸骨を瞑想する。そこには腱がつなぐ骨が残るばかり。こうして骸骨を観察するとき、自分の体とくらべる。「自分のこの体もこれと同じ道をたどる。最後にこうなることは避けられない」。これが、内と外から身体として身体に気づき、身体に〈気づき〉、理解、洞察、明晰さ、認識によって身体に〈気づき〉を確立する方法だ。そして身体として身体に気づいている、といわれる状態である。

　さらに比丘たちよ、身体として身体を瞑想する修行者は、そこかしこに散らばる骨を瞑想する。脚の骨、脛の骨、大腿骨、鎖骨、背骨、肩甲骨、足の骨、頭蓋骨、それぞれが別々の場所に転がる様子を。こうして散らばる骨を観察するとき、自分の体とくらべる。「自分のこの体もこれと同じ道をたどる。最後にこうなることは避けられない」。これが、内と外から身体として身体に気づき、理解、洞察、明晰さ、認識によって身体に〈気づき〉を確立する方法だ。そして身体として身体に気づいている、といわれる状態である。

　さらに比丘たちよ、身体として身体を瞑想する修行者は、脱色して貝殻や鳩の毛のような色になった骨、さらに朽ち果て塵となった骨を瞑想する。こうして骨の残骸を観察するとき、自分の体とくらべる。「自分のこの体もこれと同じ道をたどる。最後にこうなることは避けられない」。これが、内と外から身体として身体に気づき、身体に〈気づき〉、理解、洞察、明晰さ、認識によって身体に〈気づき〉を確立する方法だ。そして身体として身体に気づいている、といわれる状態である。

第三節

　感覚として感覚を瞑想するとき、心の確立を保ち続けるにはどうしたらいいのだろうか？

　快感があるとき、すぐに快感があると気づく。不快感があるとき、すぐに不快感があると気づく。中性の感覚があるとき、すぐに中性の感覚があると気づく。身体に快感、不快感、または中性の感覚があるとき、心に快感、不快感、または中性の感覚があるとき、この世からきた快感、不快感、または中性の感覚があるとき、この世からきたのではない快感、不快感、または中性の感覚があるとき、欲望からきた快感、不快感、または中性の感覚があるとき、欲望からきたのではない快感、不快感、または中性の感覚があるとき、それらにはっきりと気づく。これが、内と外から感覚として感覚に気づき、正しい〈気づき〉を確立する方法である。感覚として感覚を瞑想する比丘や比丘尼は、これに従えば、感覚として感覚を観る瞑想を保つことができるだろう。

第四節

心として心を瞑想するとき、心の確立を保ち続けるにはどうしたらいいのだろうか？

執着するとき、執着していると気づく。執着しないとき、執着していないと気づく。憎むとき、憎んでいると気づく。憎まないとき、憎んでいないと気づく。混乱するとき、混乱していると気づく。混乱しないとき、混乱していないと気づく。心が汚れているとき、心が汚れていると気づく。心が汚れていないとき、心が汚れていないと気づく。心が散漫なとき、心が散漫であると気づく。心が散漫でないとき、心が散漫でないと気づく。心に障害があるとき、心に障害があると気づく。心に障害がないとき、心に障害がないと気づく。心が緊張しているとき、心が緊張していると気づく。心が緊張していないとき、心が緊張していないと気づく。心に限界があるとき、心に限界があると気づく。心に限界がないとき、心に限界がないと気づく。心が集中しているとき、心が集中していると気づく。心が集中していないとき、心が集中していないと気づく。心が解放されているとき、心が解放されていると気づく。心がいまだに解放されていないとき、心が解放されていないと気づく。これが、内と外から心として心に気づき、理解、洞察、明晰さ、認識によって心に〈気づき〉を確立する方法であり、心として心に気づいている、といわれる状態である。心として心を瞑想する比丘や比丘尼は、これら一つひとつに従えば、心として心を観る瞑想を保つ方法を知るだろう。

第五節

心の対象として心の対象を瞑想するとき、心の確立を保ち続けるにはどうしたらいいのだろうか？

両眼が物の形をとらえると心に固まりが生まれることに気づいて、疑いなく心に固まりができたことを知る。心に固まりが存在しないとき、疑いなく心に固まりがないことを知る。過去に生まれたことのない心の固まりがいま現われるとき、そのことを知っている。過去に生まれた心の固まりがいま消えて再び現われることがないとき、そのことを知っている。同じことが、耳、鼻、舌、身体など他のすべての感覚器官にもいえる。これらの感覚器官が外側にある対象をとらえ、心の固まりを作り出すとき、疑いなく心に固まりができたことを知る。過去に生まれたことのない心の固まりが今、現われるとき、そのことを知っている。過去に生まれた心の固まりが今、消えて再び現われることがないとき、そのことを知っている。これが、内と外から心の対象として心の対象に気づき、理解、洞察、明晰さ、認識によって心の対象に〈気づき〉を確立する方法であり、心の対象として心の対象に気づいている、といわれる状態である。心の対象として心の対象を瞑想する比丘や比丘尼は、これに従えば、意識の六つの領域に渡り、心の対象として心の対象を観る瞑想を保つ方法を知るだろう。

さらに比丘たちよ、心の対象として心の対象を瞑想するとき、心に肉欲を認めるなら、疑いなく肉欲があることを知る。心に肉欲がないことを認めるなら、疑いなく肉欲がないことを知る。過去に生まれたことのない肉欲が今、現われるとき、そのことを疑いなく知っている。過去に生まれた肉欲が今、消えていくとき、そのこともまた疑いなく知っている。同じことが、怒り、無気力、動揺、疑いなどの四つの障害にもいえる。もし心に疑いがあるなら、はっきりと疑いがあることを知る。心に疑いがないなら、はっきりと疑いがないことを知る。過去に存在しなかった疑いが生まれるとき、そのことをはっきりと知っている。過去に生まれた疑いが消えていくとき、そのこともまたはっきりと知っている。これが、内と外から心の対象として心の対象に気づき、理解、洞察、明晰さ、認識によって心の対象に〈気づき〉を確立する方法であり、心の対象として心の対象に気づいている、といわれる状態である。心の対象として心の対象を瞑想する比丘や比丘尼は、これら一つひとつに従えば、五つの障害（五蓋）について、心の対象として心の対象を観る瞑想を保つ方法を知るだろう。

さらに比丘たちよ、心の対象として心の対象を瞑想するとき、心に目覚めの要因（七覚支）のひとつである〈気づき〉を認めるなら、疑いなく〈気づき〉があることを知る。〈気づき〉が存在しないとき、疑いなく〈気づき〉がないことを知る。過去になかった〈気づき〉が今あるとき、そのこともまた疑いなく知っている。〈気づき〉が生まれ、存続し、消えずに、弱まるどころか強くなるとき、そのすべてに気づいている。同じことが、法の識別、活力、喜び、平安、集中、無執着など、その他すべての目覚めの要因にもいえる。もし心に無執着があるなら、疑いなく無執着があることを知る。無執着がなかったなら、疑いなく無執着がないことを知る。過去になかった無執着が今あるとき、そのこともまた疑いなく知っている。無執着が生まれ、存続し、消えずに、弱まるどころか強くなるとき、そのすべてに気づいている。これが、内と外から心の対象として心の対象に気づき、理解、洞察、明晰さ、認識によって心の対象に〈気づき〉を確立する方法であり、心の対象として心の対象に気づいている、といわれる状態である。心の対象として心の対象を瞑想する比丘や比丘尼は、これに従えば、目覚めの七つの要因（七覚支）について、心の対象として心の対象を観る瞑想を保つ方法を知るだろう。

第六節

比丘や比丘尼はだれでも、四種の〈気づき〉の基盤を確立する修行に七年間励むなら、確実にひとつかふたつの果実――今生における最高の悟りの達成、または無智を多少残す阿羅漢を得るだろう。七年ではなく、六年、五年、四、三、二年、または一年でもよい。比丘や比丘尼が、四種の〈気づき〉の基盤を確立する修行に七カ月間励むなら、確実にひとつかふたつの果実――今生における最高の悟りの達成、または過去の行いの業を多少残す阿羅漢の地位――を得るだろう。七カ月ではなく、六カ月、五カ月、四、三、二カ月、または一カ月でもよい。比丘や比丘尼が、四種の〈気づき〉の基盤を確立する修行に七昼夜励むなら、確実にひとつかふたつの果実――今生における最高の悟りの達成、または過去の行いの業を多少残す阿羅漢の地位――を得るだろう。七昼夜は言うまでもなく、六昼夜、五昼夜、四昼夜、三昼夜、二昼夜、または一昼夜でもよい。さらに比丘や比丘尼が四種の〈気づき〉の基盤を確立する修行に励むなら、数時間でもよい。朝に瞑想をはじめれば夕方までには進歩が見られるだろうし、午後から瞑想に取りかかれば夜までには進歩が見られるだろう。

ブッダが語り終わると、説法を聴いた比丘や比丘尼たちは歓喜し、この瞑想の実践に励んだのである。

第三訳本

一入道経

増一阿含経十二から引用した一入道経（大衆部）。ダルマナンディーがサンスクリット語から中国語へ翻訳。さらにティク・ナット・ハンとアナベル・レイティが英訳。

第一節

ブッダがシュラヴァスティの町の祇園精舎に滞在していたおりに、私が聞いた説法。ブッダは集まった修行僧たちによびかける。

生きとし生けるものの行いが清められ、あらゆる悲しみと不安、苦しみの原因を絶ち、最高の悟りに導き解脱を実現する修行の道がある。それは五つの障害（五蓋）を根絶する道である。また心を静止させ、集中させる四通りの道である。なぜ「一入道」とよばれるのだろうか？　これが心の統合に導くからである。なぜ道というのだろうか？　これが八正道――正しい見方（正見）、正しい思考（正思惟）、正しい行い（正業）、正しい生活（正命）、正しい修行（正修行）、正しい言葉（正語）、正しい〈気づき〉（正念）、正しい心の集中（正定）――のことだからだ。これが「一入道」の意味である。

それでは五蓋とは何か？　執着、嫌悪、動揺、怠惰、そして疑いである。* これらの心の障害は取り除かねばならない。

心を静止させ、集中させる四つの方法とは何か？

修行者は身体の内に意識を置いて身体の内を瞑想し、不健全な思考を終わらせ不安を取り除く、または身体の外に意識を置いて身体の外を瞑想し、不健全な思考を終わらせ不安を取り除く。修行者は内から感覚において感覚を瞑想し、外から感覚において感覚を瞑想することで、安らぎと喜びを得る。または内と外の両方から感覚において感覚を瞑想し、安らぎと喜びを得る。修行者は内から心において心を瞑想し、外から心において心を瞑想することで、安らぎと喜びを得る、または内と外の両方から心において心を瞑想し、安らぎと喜びを得る。修行者は内から心の対象において心の対象を瞑想し、外から心の対象において心の対象を瞑想することで、安らぎと喜びを得る、または内と外の両方から心の対象において心の対象を瞑想し、安らぎと喜びを得る。

第二節

どのように身体の内から身体を瞑想すれば、安らぎと喜びが得られるのだろうか？

ここでは、修行者は身体の本性とその働きを瞑想する。身体を頭部から爪先まで、爪先から頭部までよく調べると、身体が不浄な要素からなることがわかり、それに執着することができなくなる。自分の体には、毛髪、体毛、爪、歯、皮膚、筋肉、腱、骨、骨髄、汗、膿、胃、小腸、大腸、心臓、肝臓、脾臓、腎臓などがある、と観察する。また、尿、大便、涙、唾液、血液、血管、脂肪などを観察し認識する。これらすべてを観察し、知ったうえで、執着がなく悔いることもない。これが身体を観察して安らぎと喜びを実現する方法であり、それによって不健全な思考を終わらせ、不安や悲しみを取り除くことができる。

さらに修行者は自分の身体について瞑想し、地・水・火・風の四つの要素を観てそれらを見分ける。熟練した肉屋やその弟子が殺した牛の各部分を並べ、脚、心臓、胴体、頭部と区別するように、修行者は自分の身体を観察しながら、これは地、これは水、これは火、そして風というように、四つの要素をはっきりと見分ける。こうして身体において身体を瞑想し、執着を終わらせるのである。

さらに比丘たちよ、身体にたくさんの開口部があり、そこからさまざまな汚れた物質が流れ出る様子を観察しなさい。竹や葦の茎にある節を調べるように、身体にたくさんある開口部から汚れた物質が流れ出すのを観察する。

さらに比丘たちよ、修行者は一日から一週間ほど前に亡くなった人の死体の瞑想を行う。それは膨れ上がり、悪臭を放ち、不潔そのものだ。そこで自分の体を観察し、自分の体もそれと異ならないことを知る。この体は死から逃れることはできない。修行者は、散乱した死体がハゲ鷲につつかれ、虎や豹や狼などの野生動物に嗅ぎつけられ喰いちぎられる様子を瞑想したのちに、自分の体をあらためて観察し、それと異ならないことを知る。「私の体もまた、そうなることは避けられない」。これが身体の瞑想を行い、安らぎと喜びを実現する方法である。

さらに比丘たちよ、修行者は一年間地面に放置された死体を瞑想する。それは半ば喰われて、悪臭を放ち、不潔そのものだ。そこで自分の体をあらためて観察し、この体もそれと異ならないことを知る。「私の体もまた、そうなることを避けられない」。これが身体を瞑想する方法である。

*——五蓋の内容は、第一訳本の五蓋（肉欲、怒り、動揺、眠気、疑い）（四四ページ）とは一部違っている。これは、中国語版への訳者による解釈の違いと思われる。

さらに比丘たちよ、修行者は皮膚と筋肉がしなびて縮んだ死体を瞑想する。残るのは血のこびりつく骨ばかり。そこで自分の体をあらためて観察し、この体もそれと異ならないことを知る。「私の体もまた、そうなることは避けられない」。これが身体を瞑想する方法である。

さらに比丘たちよ、修行者は靭帯でつながる骨ばかりになった骸骨を瞑想する。そこで自分の体をあらためて観察し、この体もそれと異ならないことを知る。「私の体もまた、そうなることは避けられない」。これが身体を瞑想する方法である。

さらに比丘たちよ、修行者は、手の骨、脚の骨、あばら骨、肩甲骨、背骨、膝の骨、頭蓋骨とあちこちに散らばる骨の残骸となった死体を瞑想する。そこで自分の体をあらためて観察し、この体もそれと異ならないことを知る。「私の体もまた、そうなることは避けられない」。同じようにそうして朽ちていくのだ。これが身体の瞑想を行い、安らぎと喜びを実現する方法である。

さらに比丘たちよ、修行者は貝殻のように脱色した骨の残骸となった死体を瞑想する。そこで自分の体をあらためて観察し、この体もそれと異ならないことを知る。「私の体もまた、そうなることは避けられない」。同じようにそうして朽ちていくのだ。これが身体を瞑想する方法である。

さらに比丘たちよ、修行者は黄色く変色した骨の残骸となった死体を瞑想する。執着する価値のあるものとてなく、灰色になった骨は土と見分けがつかない。修行者は不健全な思考を放棄し悲しみや不安を取り除いて、「この体は無常であり、腐っていく物体である」と観察しながら自分の身体について瞑想する。こうして自分の身体の外と内、または内と外を同時に観察すれば、永久に続くものは存在しないとわかる。

第三節

どのように感覚において感覚を瞑想するのだろうか？

快感があるとき、快感があると気づく。苦痛があるとき、苦痛があると気づく。中性の感覚があるとき、中性の感覚があると気づく。物質的な原因からくる快感、苦痛、中性の感覚があるとき、物質的な原因からくる快感、苦痛、中性の感覚があると気づく。非物質的な原因からくる快感、苦痛、中性の感覚があるとき、非物質的な原因からくる快感、苦痛、中性の感覚があると気づく。これが、洞察によって、感覚において感覚を瞑想する方法である。

さらに比丘たちよ、快感がある一方で苦痛がないとき、快感があると気づく。苦痛がある一方で快感がないとき、苦痛があると気づく。中性の感覚がある一方で快感も苦痛もないとき、快感でも苦痛でもない感覚があることに気づく。また修行者は、自分の洞察によって安らぎと喜びが実現することを知り、ありとあらゆる存在の誕生と消滅に気づいている。感覚が生じるとき、それを認めその存在と原因に気づきながら、依存せず、この世に対する執着を抱かない。そうすれば恐れはなく、恐れがないことで永遠に幻想から自由になり、涅槃《ねはん》が実現される。誕生も死も存在せず、聖なる人生は完遂した。なすべきことは果たされた。この先転生することもない。修行者はそれをじかに理解する。これが感覚においての感覚に気づき、とりとめのない思考を終わらせ、悲しみと不安を取り除く方法である。このようにして、感覚の内と感覚の外とを瞑想するのである。

第四節

心において心を瞑想し安らぎと喜びを実現するとは、どういうことか？

欲求があるとき、欲求があると知る。欲求がないとき、欲求がないと知る。憎むとき、憎んでいると知る。憎まないとき、憎んでいないと知る。混乱しているとき、混乱していると知る。混乱していないとき、混乱していないと知る。渇望があるとき、渇望があると知る。渇望がないとき、渇望がないと知る。心が統制されているとき、統制されていると知る。心に統制がないとき、統制がないと知る。気が散っているとき、気が散っていると知る。気が散っていないとき、気が散っていないと知る。油断しているとき、油断していると知る。油断がないとき、油断がないと知る。心が全体をとらえているとき、心が全体をとらえていることを知る。心が全体をとらえていないとき、心が全体をとらえていないことを知る。視野が広いとき、視野が広いと知る。視野が広くないとき、視野が広くないと知る。心が無限であるとき、心が無限であると知る。心が無限でないとき、心が無限でないと知る。集中しているとき、集中していると知る。集中していないとき、集中していないと知る。まだ解脱していないとき、まだ解脱していないと知る。解脱したとき、解脱したと知る。

　これが心において心に〈気づく〉方法である。修行者は諸法に対して〈気づき〉を働かせながら、その誕生を観察し、消滅を観察し、誕生と消滅の両方を観察することで安らぎと喜びを実現する。対象に依存することなく、雑念に振り回されず、目に見えないものを見ること、知ること、観察することができる。修行者は何にも頼らず、雑念を抱かない。雑念がないので恐れがない。恐れがないので苦しみの影さえない。苦しみの影がないので、涅槃が訪れ、誕生と死は存在せず、聖なるいのちは完遂され、なすべきことはなされ、これより先に転生はなくなる。修行者はこれらすべてが真実であることを知っている。こうして自分自身について、内と外から心において心を観察し、思うようにならない思考を取り除き不安を根絶する。

第五節

心の対象において心の対象を瞑想するとはどういうことか？

　目覚めの第一の要因である〈気づき〉を働かせるとき、それは最初に生まれる知覚（尋《じん》）と、渇望の消滅と、不健全な心の解消、不健全な俗世の法則（世法）の放棄によって左右される。目覚めの諸要因である法の識別、活力、喜び、集中、無執着などの瞑想をするとき、それらは最初の知覚と、渇望の消滅と、不健全な俗世の法則の放棄によって左右される。これが心の対象において心の対象を瞑想するということである。

さらに比丘たちよ、修行者は最初に生まれた知覚とそれに続く思慮（伺《し》）によって、肉欲への執着から自由になり不健全な世法を放棄したとき、喜びにあふれて初禅*に入り、自らの身に歓喜を感じる。これが心の対象において心の対象を瞑想するということである。

さらに比丘たちよ、最初に生まれた知覚とそれに続く思慮が過ぎていくにつれ、喜びが生まれやがて心の統合が起こる。最初に生まれる知覚とそれに続く思慮が尽きたとき、修行者は喜びを持続しながら喜びと安らぎのある第二禅に入る。これが心の対象において心の対象を瞑想するということである。

さらに比丘たちよ、思慮が過ぎ去り最初の知覚を粘り強く手放す瞑想を続けることにより、修行者は聖者たちが求める無執着の〈気づき〉が完全に清められた状態を獲得し、第三禅に入る。これが心の対象において心の対象を瞑想するということである。

さらに比丘たちよ、喜びが消え去り、快楽や苦痛とともに喜びと高揚感への切望もなくなり、無執着の〈気づき〉が完全に清められたとき、修行者は第四禅に入る。これが心の対象において心の対象を瞑想するということである。修行者はあらゆる存在（諸法）が生まれ消滅する様子を瞑想し、安らぎと喜びに到達する。そして、今ここに正しい〈気づき〉（正念）が実現する。真に見ること知ることができるようになり、迷いは放棄される。何ものにも依存することなく、雑念も浮かんではこない。雑念がないので恐れがない。恐れがないので、誕生と死はもはや存在せず、聖なるいのちは完遂され、なすべきことはなされ、これより先に転生はなく、あらゆるものの本性が明るみに出される。

第六節

比丘たちよ、真実の歩みに導くこのひとつの道に依れば、生きとし生けるものは清められ、悲しみと不安から解放され、心の動揺に振り回されず、理解は堅固になり、解脱に至ることができる。このひと

*――「四色界禅定・四無色界禅定」（七〇ページ）を参照。

つの道とは、五つの障害（五蓋）を解消し、心を静止し集中させる四つの修行法である。

ブッダの説法を聴いて、比丘たちは喜び勇んで即座にこの修行に励んだ。

三種類の訳本の比較

第一節

ここでは、経が説かれた当時の状況、経典の重要性、経典の主題である四種の〈気づき〉の確立に触れます。

第一・第二訳本には、この経がクル人の国であるカンマッサダンマで説かれたとありますが、第三訳本には、シュラヴァスティの祇園精舎であったと書かれています。

第一節では、三つの訳本ともエカヤーナ（一乗：唯一無二の教え）という言葉を使っています。第三訳本ではこの言葉が経本の表題になっています。第一・第二訳本は、表題に念処（〈気づき〉の確立）という用語を含んでいます。

第一訳本では、経が説かれた場所の記述に続くその書き出しを直訳すれば、「この一乗こそ、比丘たちよ、真実の道である」、または「この唯一の道こそ、比丘たちよ、真実の道である」となります。第二訳本では、「比丘たちよ、ここに道がある」。第三訳本では、「一方向の入り口（一入道）がある。なぜ『一方向』でなければならないのか？　これがひたすらな集中を意味するからだ」とあります。

第一訳本の第一節は短く簡潔です。第二訳本ではそれに加えて、「三世のあらゆる如来は、四種の〈気づき〉を確立する修行によって五蓋を克服し、悟りに達することができた」とあり、第三訳本でも五蓋とその内容について書かれています。さらに、八正道こそ四種の〈気づき〉の確立の修行の道であると指摘しています。

一入道経では、四種の〈気づき〉の確立を「心を静止させ集中させる四つの瞑想法」と称しています。経典成立の歴史で触れたように、第三訳本の訳者については、ゴータマ・サンガデーヴァかダルマナンディーか疑問が残ります。もしもサンガディーヴァが訳したのだとすれば、「四種の〈気づき〉の確立」という言葉を、第二訳本で使用したように第三訳本にも記したと考えられます。

第二節

この節では、身体において身体を観察する方法を詳しく述べています。第一訳本では、六種の身体の観察法をつぎのように説いています。

一、呼吸の観察
二、姿勢の観察
三、動作と身体機能の観察
四、身体の各部分の観察
五、身体の各要素の観察
六、死体の観察

第二訳本でもこの六通りについて述べていますが、姿勢と身体機能に続いて、呼吸が三番目にきています。死体の観察では、観察の対象は五段階だけですが、そこが第一訳本の九段階と異なる点です。

第三訳本は身体観察の方法について三通りしか触れず、呼吸、姿勢、身体機能は含まれていません。死体の観察では、八段階について瞑想するとしています。

第二訳本が異なるのは、六種の動作と身体機能の観察方法のあとに、不健全な思考を取り上げている箇所です。この箇所はふたつに分かれています。健全な心を使って不健全な心を治める方法、そして力のある闘士が弱い相手を押さえつけるように、心を使って心を制圧する方法です。この両方とも考想止息経からの引用ですが、この部分自体が後年追加されたもので、しかも経典の流れにそぐわない箇所に挿入されたことが明らかです。この節でブッダは、身体において身体を観察することを説いているのであり、心の確立に踏みこむにはまだ早いからです。

そのほかに第二訳本が他とは異なるのは、初禅に相当する喜びと幸福感をもたらす集中、第二禅に相当する喜びを放棄しながら幸福感を保つ集中、さらに清浄観、光明観、印相観の瞑想に言及した箇所です。これらは、四禅の修行法が控えめながらすでに経蔵へと浸透しはじめていた証拠です。第三訳本ができるころには、この修行についてははっきりと具体的に語られるようになりました。清浄な光を観察する光明観は、浄土系仏教形成のはじまりを告げる声と考えられます。また印相観は発展して、意識の集中点を視覚化した象徴的な形態であるカシーナ*の使用に至りました。

〈気づき〉の眼で身体を構成するさまざまな要素を観察することを説く箇所では、第一・第三訳本が一般的な四要素をあげているのに対して、第二訳本があげるのは六要素、地・水・火・風・空・識です。

第三訳本には他の瞑想法も紹介されています。身体の隙間から漏れ出す不浄な要素を観察することです（死体の九種の観想とは異なる）。

第三訳本でもっともよく使われる表現は、「安らぎと喜びに至ること」です。また第一・第二訳本でもっともよく使われるこれに匹敵する表現は、以下のようなものです。

第一訳本

これが身体において身体の観察を保ち続ける方法である。このように身体の内や外から、または内と外の両方から観察する。身体において物事が生じつつある過程や消えていく過程を、または生じ消えていく過程を同時に観察し続ける。さらに、理解と十分な気づきがもたらされるまで、「ここに身体が存在する」という事実を注意深く受け止める。雑念にとらわれずあらゆる束縛を受けずに、この観察を保ち続ける。比丘たちよ、これが身体において身体の観察を行う方法である。

第二訳本

これが、内と外から身体として身体に気づき、理解、洞察、明晰さ、認識によって身体に〈気づき〉を確立する方法だ。そして身体として身体に気づいている、といわれる状態である。

この表現は、身体のところを感覚や心や心の対象という言葉に置き換え、それらの観察方法を説く部分で何度も出てきます。「入念に感覚において感覚の観察を行う。感覚の内や外から、または内と外の両方から観察する」という部分を読んで、「感覚の内側とか感覚の外側なんてあるのだろうか？」という疑問がわいたなら、例外はありますが、繰り返しとは口伝を示すものだと考えてください。第二訳本では、「身体として身体を観察する」という表現が「身体において身体を観察する」という表現の代わりに使われています。

第三節

ここでは感覚において感覚を観察する瞑想が紹介されています。「感覚」という訳語は、第一訳本中のパーリ語、ヴェーダナからきています。第二訳本においては、ヴェーダナを中国語に訳したジュ（受）が使われ、第三訳本ではトン（痛）が使われています。

第三訳本では、なぜジュではなくトンが使われているのでしょうか。トンはもともと「苦しい」という意味です。おそらくその訳者は、いかなる感覚も苦しみであるという考えに強く影響されていたのでしょう。この第三節について第三訳本では、苦しみがあるときには心地よさはなく、心地よさがあるときには苦しみはないと強調しています。また、感覚に対するとらわれや恐れから自由になるため、感覚の誕生と消滅とを〈気づき〉によって観察し、その原因を見究めることを強く勧めています。この部分が第三訳本では中心に取り上げられています。

以下は第三訳本からの引用です。「その者の心には恐れがないゆえに、涅槃へと達することができ

＊――視覚化された象徴による瞑想法。対象イメージは地・水・火・風・青・黄・赤・白・空・識の十通りある。

る。誕生と死はもはや存在せず、聖なるいのちは完遂され、なすべきことはなされ、これより先に転生はない」。第一・第二訳本には見られないこの部分は、第三訳本では三箇所で見受けられます。さまざまな経典のなかでこうした表現が何度も繰り返し出てきますが、口伝されるうちに付け加えられたにほぼ間違いありません。

第四節

ここでは、心において心を観察する方法について述べています。第一・第二訳本では、心理現象の誕生と消滅の過程に対する〈気づき〉の記述がありますが、第三訳本にはそれがありません。第三訳本では、私たちが知り、眼を向け、観察することが可能な現象（法《ダルマ》）に対する観察、また観察不可能な現象について書かれています。

ここで「観察」とは、〈気づき〉によって深く観ることを意味します。観察不可能な現象を観察するというのは、四十二章経*にある大乗の影響が色濃い「この修行は、非‐修行である」という表現と同じく、一風変わった観点といえましょう。

第三訳本からの引用でさらに興味深いのは、「修行者は何にも頼らず、雑念を抱かない。雑念がないので恐れがない。恐れがないので苦しみの影さえない。こうして涅槃が訪れる」この箇所です。この後半部分は、般若心経の「障害がないので恐れは克服され、永遠に幻想から自由になり、完璧に涅槃が実現される（無罣礙故　無有恐怖　遠離一切顛倒夢想　究竟涅槃）」にほぼ一致しています。

第五節

ここでは、心の対象において心の対象を観察する瞑想について述べています。第一訳本では五蓋、五蘊、六根・六境の十二処、七覚支、四聖諦などを観察する修行法が紹介されています。長部経典に見られる第一訳本では、四聖諦と八正道の〈気づき〉の観察の教えを展開していますが、この展開ゆえに大（すばらしい）念処という名前がついています。第二訳本は、十二処、五蓋、七覚支に対する〈気づき〉の観察についてのみ書いています。

第三訳本には七覚支が説かれているだけです（五蓋はすでに第一節で扱っている）。おそらく写経者の不注意からきたものと思われますが、ここでは七覚支のうち、〈気づき〉、法の識別、活力、喜び、集中、平静の六つしかあげられていません。一般的には「集中では四禅定が説かれています。第三訳本のきっかけ（尋《じん》）」および「注意力の保持（伺《し》）」と訳されるヴィタルカとヴィチャラが、受（知覚）と観（観察）と訳されています。第三訳本では、第二節と第四節にあったのと同じく、般若心経のある部分と似た表現を第五節で再び取り上げています。そこにいくつかの言葉が加わることで、その表現はさらに般若心経に近づいているようです。般若心経で「幻想から永遠に自由になる（遠離一切顚倒夢想）」という箇所です。

第六節

ここでは、瞑想の成果を得るためにどれだけの時間が必要か、またその成果とは何かが述べられています。第一訳本では、〈気づき〉の確立を修行する者は、今生のうちに最高の理解という成果を得ることができるとあります。経典によれば、七年、五年、さらに一カ月、半月、しまいには七日間であっても最高の理解に至るということです。

第二訳本ではそれをさらに上回るように、〈気づき〉の練習を一昼夜行えば最高の目覚めにいたることが可能である、または朝に瞑想に入れば、午後にはすでに成果を得ると言っています。第三訳本では、瞑想の成果を得るために必要な時間については触れられていません。

*――最初の漢訳仏典とされる経典。中国後漢代成立。四十二章からなり仏教の基本思想と倫理を説いている。

訳者あとがき

本書は、Thich Nhat Hanh, Transformation and Healing: Sutra on the Four Establishments of Mindfulness, Parallax Press（二〇〇六年改訂版、初版は一九九〇年）の邦訳です。

著者ティク・ナット・ハン師（ベトナム語で先生を意味するタイと呼ばれる）は、一九二六年ベトナム中部で生まれ、一六歳で出家し禅僧になりました。ベトナム戦争当時、僧院の中で瞑想に集中するか、目の前の難民や被災者にために働くかという課題に直面したとき、師は弟子たちとともにその両方を実践することを決意しました。

戦争のさなか、仲間が殺され、自分たちの事務所に手りゅう弾が投げこまれる中で、タイとその弟子たちは歩く瞑想によって平静心を養い、憎しみからではなく慈悲による非暴力を実践したのです。そうして瞑想と、被災者・難民を救済する社会活動を同時に行うことで、「行動する仏教」の基礎を固めました。一九六〇年代初めには、仏教の非暴力と慈悲にもとづく社会奉仕青年学校、ヴァン・ハン仏教大学、ティプ・ヒエン（相互存在）教団を創設しました。

一九六六年には平和使節としてアメリカとヨーロッパを歴訪。アメリカ政府やペンタゴンに平和提案を行いましたが、その中立的な立場からの平和と停戦の主張を理由に、ベトナム政府から帰国を拒否され、以後フランスでの亡命生活に入ります。

タイはフランスで一九八二年、南部ボルドー地方に仏教の僧院・共同体である「プラムヴィレッジ」を開き、難民を受け入れ、生活の中で瞑想を実践しつつ、著作・講演活動を通じて仏教の教えと平和な生き方を説いています。そこでは、世界中から多数の参加者を受け入れ、毎年多くのリトリート（瞑想合宿）が開かれます。その一方で、タイは世界中をめぐって、講演や瞑想指導を行ってきました。一九九五年には来日し、各地で三週間の講演やリトリートがありました。著作は英語、仏語、ベトナム語を中心に多数あり、邦訳書も今まで三十数冊出版されています。

ティク・ナット・ハン師はとても気さくな方です。小さな子どもの手を取って歩く瞑想に誘い、あるときはハグをし、ひとことジョークを投げかけます。人の言葉にはよく耳を傾け、柔らかな声で話しかけられます。その身のこなしはいつもゆったりとしていて、世界中を駆け回り、その合間に数えきれないほどの講演や著作などをこなす、非常に多忙な禅僧とは信じられないでしょう。

微笑みをたたえた心の穏やかさは、つねにまわりに影響を与え、たとえ何百人が集まる会場であっても和らぎの雰囲気が満ちています。プラムヴィレッジをはじめ、世界各国で毎年行われている講演会やリトリートでは、マインドフルネスベル（〈気づき〉の鐘）の音にすべての参加者が耳を澄ませ自分の呼吸に戻るので、水を打ったような静けさに包まれます。その静寂から言葉や動作がはじまるのです。

二十一世紀に入ってから、タイはとりわけサンガ（瞑想する仲間の集まり）を大切にし、自らへのカリスマ視を戒め、interbeing（相互存在）の実践を強く勧めてきました。「二十一世紀のブッダはサンガです」という言葉にそれがよくあらわれています。

仏教以外の領域との交流はますます盛んになり、宗教界、政治、ビジネス、教育、医療、科学の分野にまでマインドフルネスの実践を広げた功績は計り知れません。今日のマインドフルネスブームは師によるところが大きいと思います。

二〇一一年に予定されていた来日は、東北の震災と津波の影響もあり、かないませんでした。そして二〇一四年秋、タイは脳出血のために倒れ、命まで危ぶまれたものの、奇跡的な回復を遂げて療養生活に入ります。二〇一八年には得度を受けた故郷ベトナムのフエ市にある慈孝寺に帰り、手厚い介護を受けながら、その存在で多くの人々を支え続けました。そして、二〇二二年一月二二日、静かに逝去されました。私たちに向けられた生前の言葉があります。

「お墓を建てても、私はそこにいません。私は、皆さんの実践の中に生きているのです」

瞑想に励みつつ、タイの「死んでも死なないいのち」とともに生きていこうと思いを新たにします。サンガのつながりと家族に感謝して。

島田啓介

＊

一九九五年のティク・ナット・ハン師の来日からすでに一六年、その時、師から邦訳の快諾を得た本書がようやく世に出ることになりました。いくつもの思いがけなかった出来事や私の完全癖（また怠癖）に阻まれてこんなにも遅れてしまいましたが、よいものを出そうという地下の流れ（しらべ）は静かにつらぬかれてきたと感じています。

一九九五年の来日の滞在二週間、私はティク・ナット・ハン師の一行に加わって見聞きして歩きました。私には今でも忘れることのできない師との出会いがあります。

京都市内で、師をかこんだ「宗教者の集い」が開かれた雨の午後のこと、参集した百人足らずの青年僧と仏教者たちから、さかんに発言がつづいていました。現代日本仏教の問題点や病患について、宗教者の背負っている課題について、たとえば阪神大震災後の各宗の対応や諸活動について、あるいは報告され、応答があり、質疑が入りと、およそ二時間が過ぎていました。その間、師は通訳を介してもくもくと聞き入っている風で、発言はむしろ控えめであったことが印象的でした。

私は聴衆の後のほうに坐ってじっと拝聴し、師を見つめていました。すると、師がかたわらの司会者を促して、突然、私に発言を求めてきました。私は、かねてから私たち全生類にとってもっとも火急の問題であると考えていた原発震災について、日本の多くの宗教家、とくに各宗を代表する管長•老師たちがノータッチ、ノーコメントでいることを取り上げ、さらに「今日この集いにしても、一宗一門の長となっている方は一人も見あたらず、修学中の青年僧や私ども末端の僧しか来ていません。これがこの国の宗教的現状です」と付け加えたのです。

聴き終わった師は、「それでは、実際、どうしたらいいのですか?」と問われました。

私は師にむかって「今、この一息、この呼吸の自覚・自戒・ととのえから始めます。〝この踏み出す一歩、これがすでに江戸まで届いています〟」と応えました。

すると師は、ゆるやかに首を縦に三、四度上下してうなずいていました。

その日は、一同は比叡山に帰り、薬石《やくせき》(夕食)まで各自寮室で三々五々と寄り合って続談していました。やがて空腹を抱えて私は、食堂《じきどう》に向かって林のなかの道をゆっくりと歩いていると、うしろから静かに近づいてきた人が、サッと私の右腕をとって自分の腕に組み込むや、“Step by step we are arriving at Tokyo !”と叫んだのです。しばらく二人は腕を組んだまま並んで歩き、食堂に着きました。もちろん、ティク・ナット・ハン師その人でした。着いて私は“This is it !”と応えました。この一歩が究極のゴールイン(スタート)といえます。

この後、同じ食台で差し向かいに食事をし、この邦訳の約束ができたのです。この法縁により、師が司会した授戒会で、釈心賢なる法号《ダルマネーム》(戒名)を拝受して弟子の一人になりました。

この師によって取り上げられたサティパッターナ・スッタは、今日伝わっている瞑想経典が千差万別に訳出され、分派し、変形され、応用されてきているなかで、その母胎となっている根本原典です。ティク・ナット・ハン師もこれをもっとも重要な経典としています。

邦訳作業にあたっては、私と島田啓介さんが訳を持ち寄って詳細に検討し、とくに一般読者向けの訳文作成では島田さんにご努力いただきました。感謝いたします。また、貴重なご教示をいただいた元ヨーガヴァーシティーの渡辺臣師、井上ウィマラ師、斉藤弘法道兄に深謝申し上げます。

山端法玄

付記

フランスのプラムヴィレッジ
ウェブサイト　http://www.plumvillage.org/

日本語によるプラムヴィレッジ関連情報・問い合わせ
「ティク・ナット・ハン　マインドフルネスの教え」
ウェブサイト　https://www.tnhjapan.org/

訳者略歴

山端法玄◎やまはた・ほうげん

一九三五年生まれ。禅僧。少年時代に第二次大戦から戦後にかけての飢餓混乱期を経験。高校二年生の時、人生の煩悶を抱えて坐禅を始める。静岡県田方郡函南町長源寺の住職を勤め、現在は隠退。一九九八年にオーストラリア・バイロン湾に道中庵を建てて住み、その地の道友たちと坐る。二十数年前にティク・ナット・ハン師の生き方と仏教書に啓発され、本書の翻訳を思い立つ。

島田啓介◎しまだ・けいすけ

一九五八年生まれ。翻訳家、マインドフルネス瞑想講師、精神科ソーシャルワーカー(PSW)・カウンセラー。ワークショップハウス「ゆとり家」主宰。一九九五年ティク・ナット・ハン来日ツアーの主催者のひとりで、プラムヴィレッジ正会員。翻訳書に『ブッダの〈呼吸〉の瞑想』『ブッダの〈今を生きる〉瞑想』『ティク・ナット・ハン詩集』(ティク・ナット・ハン著　野草社)『スタンフォードの心理学教室　ハートフルネス』(スティーヴン・マーフィー重松著　大和書房)ほか多数。著書に『奇跡をひらくマインドフルネスの旅』(サンガ)。

著者略歴

ティク・ナット・ハン（釈一行）◎ Thich Nhat Hanh

一九二六年ベトナム中部生まれ。ベトナム臨済宗（竹林派・柳館派）の法嗣。瞑想指導者、仏教学者、作家、詩人、平和活動家。

フエ市慈孝寺にて十六歳で出家。一九六〇年代初めにサイゴンで、仏教の非暴力と慈悲にもとづく社会奉仕青年学校、ヴァン・ハン仏教大学、ティプ・ヒエン（相互存在）教団を創設。一九六六年平和使節としてアメリカとヨーロッパを歴訪し和平提案を行うが、その中立的な立場からの主張を理由にベトナム政府から帰国を拒否され、以後フランスでの亡命生活に入る。フランスで一九八二年に南部ボルドーに仏教の僧院・瞑想道場である「プラムヴィレッジ」を開き、生活と一体になった瞑想を実践しつつ、世界中から多数の参加者を受け入れ、瞑想会（リトリート）や研修を行う。また著作・講演活動を通じて仏教の教えと平和の実践を説く。欧米やアジアにも僧院を持ち、毎年世界各地を歴訪、一九九五年の来日では各地で講演やリトリートを行った。今世紀に入り、ニューヨークでの非暴力と許しのスピーチ、米連邦議会議員を対象にした瞑想会、グーグル本社での講演と瞑想会、イスラエル人とパレスチナ人の和解のリトリートなど、「応用仏教」の活動を広げる。二〇一四年秋脳出血で倒れてから長期の療養に入る。二〇一八年ベトナムに永住帰国。晩年を慈孝寺で過ごし、二〇二二年一月二二日九五歳で逝去。

邦訳書 『ティク・ナット・ハン詩集』『リトリート』『ティク・ナット・ハンの般若心経』『ブッダの〈気づき〉の瞑想』『ブッダの〈呼吸〉の瞑想』『ブッダの〈今を生きる〉瞑想』（以上野草社）『沈黙』『微笑みを生きる』『死もなく』（以上春秋社）ほか多数。

ブッダの〈気づき〉の瞑想

2011年5月20日　第1版第1刷発行
2022年2月20日　第1版第7刷発行

著　者　ティク・ナット・ハン
訳　者　山端法玄・島田啓介
発行者　石垣雅設
発行所　野草社
東京都文京区湯島1-2-5　聖堂前ビル
tel 03-5296-9620　fax 03-5296-9621
静岡県袋井市可睡の杜4-1
tel 0538-48-7351　fax 0538-48-7353
発売元　新泉社
東京都文京区湯島1-2-5　聖堂前ビル
tel 03-5296-9620　fax 03-5296-9621
印刷・製本　シナノ

ISBN978-4-7877-1186-1　C1014

ブックデザイン—堀渕伸治© tee graphics
本文組版———tee graphics